Janela
de
Dramaturgia

CIP-Brasil. Catalogação na Publicação
Sindicato Nacional dos Editores de Livros, RJ

J33
    Janela de dramaturgia : livro 2 / organização Sara Pinheiro , Vinícius
Souza. - 1. ed. - São Paulo : Perspectiva, 2016.
    184 p. ; 23 cm. (Janela de dramaturgia ; 2)

    Sequência de: Janela de dramaturgia: livro 1
    Continua com: Janela de dramaturgia: livro 3
    ISBN 978-85-273-1063-5

    1. Teatro brasileiro (Literatura). I. Pinheiro, Sara. II. Souza, Vinícius.
III. Série.

16-34122

CDD: 869.2
CDU: 821.134.3(81)-2

24/06/2016   27/06/2016

Equipe de realização – Supervisão editorial: J. Guinsburg; Edição de texto:
Marcio Honorio de Godoy; Revisão: Gabriel V. Lazzari; Capa e projeto grá-
fico: Sergio Kon; Produção: Ricardo W. Neves, Sergio Kon, Lia N. Marques,
Luiz Henrique Soares e Elen Durando.

Direitos reservados em língua portuguesa à

EDITORA PERSPECTIVA S.A.

Av. Brigadeiro Luís Antônio, 3025
01401-000 São Paulo SP Brasil
Telefax: (11) 3885-8388
www.editoraperspectiva.com.br

2016

Sara Pinheiro
Vinícius Souza
(organização)

Janela de Dramaturgia

Livro 2

Apoio

Realização

Sumário

Nota de Edição   9

Cúmplices das Palavras
Luciana Eastwood Romagnolli   13

LIVRO 2

A Carne Sua
João Filho   21

Anã Marrom
Marcos Coletta   37

Ao Persistirem os Sintomas
Éder Rodrigues   61

Conto Anônimo
Sara Pinheiro   87

Elon Rabin
Diego Hoefel e Ricardo Alves Jr.   103

Embriões de Aniquilamento do Sujeito
Guilherme Lessa   121

Miração
Rafael Fares   135

O estado da Besta
Marcelo Dias Costa   151

Um Sorvete
Alice Vieira   171

Nota de Edição

Janela de Dramaturgia é uma mostra anual de escrita teatral contemporânea em Belo Horizonte, idealizada pelos dramaturgos Sara Pinheiro e Vinícius Souza. Desde 2012, promove na cidade ações de compartilhamento, estímulo e discussão de textos teatrais do nosso tempo. Este livro pertence a uma coleção que reúne os textos mostrados nas três primeiras edições do projeto, de 2012 (volume 1), 2013 (2) e 2014 (3). São dramaturgias contemporâneas de autores mineiros.

Vinícius,

O céu está nublado. O ar entra quente. Alguma coisa cresce. Pá pá pá pá pá pá. É o ritmo contínuo da martelada na quadra ao lado. Há também o choro incessante de Ítalo. Ele pede à avó, mais uma vez, para ir lá fora. Não é hora! Pode chover e carros passam velozes nesta rua. Me vem o pensamento óbvio de que os homens criaram suas primeiras habitações com o intuito de se protegerem dos perigos externos. Assim também se passou com nosso projeto. Para cada criança, o acolhimento do lar. Mas era preciso não sufocar a criança. Não resguardar demais a ideia. Era preciso expandir o desejo mesmo ainda sendo púbere debaixo do teto.

Era preciso cumplicidade entre o real de dentro e o real de fora.

Olha! Parece que vai chover — da sala, você vem e me mostra.

Escuto uma obra em construção. O barulho contínuo. Ítalo para de chorar. Ele agora come chocolate. Escuto e imagino-o se lambuzando. Vejo que realmente vai chover, mas não importa.

A Janela se abre. A cidade invade o texto.

Muito amor e merda no dia de hoje!

Sara

Belo Horizonte, 25 de setembro de 2012.
(Primeira sessão do Janela de Dramaturgia)

Sara,

Antes de tudo, antes de uma ideia, era uma vista — sobre a cidade, alargada aos nossos olhos. Aí virou uma possibilidade de escrita e de encontro. Agora vira página, faz um retrato da paisagem, do movimento.

Já disseram por aí que todo livro é uma janela. Melhor para nós. Juntamos as coisas.

Vinícius.

20 de junho de 2015.

Cúmplices das Palavras

Primeiro vem a palavra. Dramaturgia: um conceito-hidra, tentacular, diria a pesquisadora portuguesa Ana Pais em *O Discurso da Cumplicidade*[1], apontando caminhos abertos por Bertolt Brecht e pela performance para desprendê-lo da escrita *stricto sensu* e, como no mito grego, deixar irromperem múltiplas cabeças do que se entende por dramaturgia. Do ator. Da luz. Do espaço. Para além da palavra: dramaturgia como o reverso da encenação, o côncavo de um objeto convexo, o avesso da costura, os fios e nós escondidos. Mais longe chegaram Cathy Turner e Synne Behrndt[2], com definições de dramaturgia como arquitetura, orquestração, ato de montagem. A interconexão das coisas no mundo. Vistas por quantas janelas?

Eis um paradoxo: a janela é o recorte que amplia a visão.

Estes três volumes de textos teatrais escritos dentro do projeto Janela de Dramaturgia percorrem o território da dramaturgia como tessitura de palavras, já atravessado, contudo, pelos outros tantos sentidos que o conceito pode gerar. São textos que mais ou menos cabem no papel: ora

1. Ana Cristina Nunes Pais, *O Discurso da Cumplicidade: Dramaturgias Contemporâneas*, Lisboa: Colibri, 2004.

2. Cathy Turner; Synne K. Behrndt, *Dramaturgy and Performance*, Nova York: Palgrave Macmillan, 2008.

são literários os saltos que dão; ora a literatura é trampolim. Essas escritas para a cena antecedem a sala de ensaio, embora prevejam-na muitas vezes.

Faria essa geração de autores belo-horizontinos parte de um movimento de retorno à escrita de gabinete? De todo modo, o gabinete já não é o mesmo: não mais espaço isolado, mas permeável pela cena – onde atores, diretores e dramaturgos vão cuidar das palavras e trabalhar a imaginação que se fará carne no palco. O gabinete hoje se questiona o quanto ele, em si, também é cena.

Uma década depois, as palavras soltas no mundo por dois dramaturgos de uma geração anterior, Anderson Aníbal e Grace Passô, ainda ecoam nesse grupo, por vezes como vontade de metáfora e de encontrar formas de fabulação contemporâneas. Outras, distantes nos procedimentos, contornos, estruturas e substâncias, mas não na vontade de palavra, na crença na escrita, que em alguma medida deles herdaram.

Se é possível parafrasear Jean-Luc Godard – e se a palavra for imagem, então será possível –, mais do que a busca pela palavra justa, o que se busca é *justo uma palavra*. Palavra-valise, palavra-casa, palavra-janela, palavra-corpo, palavra-ação. O ato de criação se faz no corpo a corpo com a linguagem. Mais do que meio, a palavra é território de conflitos e de tensões. Elemento primordial para a estruturação formal e simbólica das obras.

Gestos

Então há de se dizer com todas as letras: a escrita dramatúrgica está viva em Belo Horizonte nesta segunda década do século XXI. Distintos, vários, os textos aqui reunidos aparentam nascer da necessidade de liberar a voz agarrada na garganta, seja como jogo de palavras ou show de rock. Mesmo que falte sentido, mesmo que falte propósito, mesmo que toque o absurdo ou percorra o próprio rabo em círculos. É preciso dizer para existir.

Diante dessa geração unida pela vontade de escrita, que se apresenta em suas potências e contradições, não cabe confinar essa pulsão criativa em rótulos, embalagens ou palavras aprisionadoras; taxar vertentes ou tendências seria prematuro e redutor. Defini-las seria sufocá-las. Mas há alguns gestos que se repetem – e os olhares que se deitarão a partir da leitura destas páginas sobre este mesmo conjunto poderão encontrar outros.

Um gesto notável é o do ator que toma para si a responsabilidade da escrita daquilo que diz e daquilo que faz, até que se embaralhem os lugares de atuador e de dramaturgo. Análogo talvez ao bailarino-criador, que ultrapassa a função de intérprete para assumir a composição coreográfica, há uma reincidência de atores que escrevem, contaminando a palavra grafada com a experiência da vocalidade e da performatividade. Assis Benevenuto, Luísa Bahia, Marcos Coletta, Marina Viana, Raysner de Paula, Sara Pinheiro, Vinicius Souza fazem parte desse grupo, sem por isso descuidar da dimensão literária dos textos que colocam no mundo. Quando o dramaturgo escreve pautado no ator que ele mesmo é, a palavra nasce para ser voz, com uma prosódia particular e um caráter íntimo, às vezes intimista – o que não impede que outro a diga. Eis um bom desafio para encenações futuras.

Em muitos dos casos vistos nas próximas páginas, esses e outros autores projetam suas vozes num universo contemporâneo comum de fábulas fraturadas, conversacionais, desdefinição do drama (expandindo em modos micro, infra ou pós-dramáticos) e impulsos performáticos. O fio da história raramente se desenrola linearmente; enovela-se, ganha nós, rupturas; outras vezes são fios soltos, apenas pontos, vazios, furos. A performatividade da palavra vem acentuada. É ação no mundo ficcional e *real*, seja pelo diálogo, seja pela narrativa ou em diálogos narrativos.

Dramático, épico e lírico convivem com suas contradições, compondo formas complexas. A clássica polarização entre tragédia e comédia dá lugar a narrativas híbridas também por seus humores, nas quais a melancolia ou angústia destituem o sentido trágico. Já o sentido de absurdo resiste, dominante ou subjacente (como nas escritas de Byron O'Neill e Daniel Toledo, entre outros). Mas já não se espera Godot, a cidade urge. O fora, a rua, é território conflituoso de injustiças sociais e violência; o dentro não o ignora ainda que não assuma uma postura abertamente combativa. Faz-se o teatro da micropolítica.

16 cúmplices das palavras

Nesse sentido, parece determinante o Janela de Dramaturgia habitar a sede do grupo Espanca!, no baixo centro de Belo Horizonte, a poucos passos da Praça da Estação, palco privilegiado para a mobilização política jovem – estendendo esse conceito de juventude ao curso dos 30 anos, como vemos na prática de nossos dias. Ainda que os autores sejam independentes, não se deve desconsiderar a potência política que irradia daquele espaço cênico, frequentado por grande parte deles também em outros projetos artísticos ao longo do ano e um dos pontos centrais na rede de trocas artísticas do teatro de grupo da capital mineira. Ecos dos movimentos Praia da Estação e Fora Lacerda, além de questões trabalhistas, dentre outras, irrompem como posicionamentos políticos tomados sob forma estética em uma parcela dos textos.

De modo semelhante, é possível pensar a metalinguagem e a metateatralidade constitutivas de parte destes textos como uma reflexão sobre estruturas e procedimentos que não se circunscrevem ao teatro, mas, sim, como arte que investiga a vida e, igualmente, as suas estruturas e procedimentos. Recai sobretudo na própria língua e em sua enunciação, por vezes sobre um fundo filosófico e o entendimento de que o ser só existe enquanto linguagem. Pela palavra performativa, criam-se então mundos linguísticos: a língua como aquilo que, ao nomear algo, torna-o visível, audível, concebível.

Outro gesto reincidente é o relacional, que transfere o foco de atenção do eixo intraficcional enfraquecido (inclusive por reduzido número de personagens, personas ou vozes) para o eixo extraficcional, o da relação palco-plateia. São dramaturgias conviviais na medida em que reforçam e colocam em evidência a relação de copresença dos corpos no mesmo espaço-tempo, por meio do dialogismo com os espectadores, de elementos dêiticos e outras estratégias de implicação do espectador e do aqui e agora compartilhados na dramaturgia. Em certos casos, ressignificando o acontecimento teatral ao conceder um papel ficcional ao público.

Cria-se assim uma atmosfera de cumplicidade e, por vezes, novamente, de intimidade com a plateia. Juntos, metateatralidade e gesto relacional permitem então a problematização do acontecimento teatral, tautológica ou irônica, como quem diz (no texto de João Valadares, literalmente) "isto é cena" e gera um curto-circuito duchampiano. Assim, o espectador é implicado não como um indivíduo destinado a imergir na ficção suspendendo sua descrença, mas um cúmplice no jogo forjado entre apresentação e representação, real e ficcional.

No sentido oposto, vemos rubricas metafóricas, cuja simbologia sobrepõe a indicação factual para a encenação. A didascália faz-se personagem oculta – mais um dos desafios que textos pensados para a leitura cênica guardam para futuras encenações e que podem gerar formas insuspeitadas.

No conjunto, mais que os temas, sobressaem as experimentações formais e o tratamento inventivo dado ao tempo, como matéria maleável. Amor, morte, família, liberdade, religião: tópicos universais são destrinchados num campo de estranhezas e contradições. Campo vário onde há espaço para a métrica e o jorro, o espaço figurativo e o abstrato, a poesia do lúdico e a do grotesco, a atualização da tradição pela intertextualidade, as aproximações à linguagem cinematográfica, a construção e a desconstrução, por vezes numa mesma obra sujeita a súbitas mutações, a sentidos moventes e à destinerrância.

Por entre estes textos, corre um entendimento de dramaturgia destinada mais a criar ambiguidades e incertezas do que explicações, a abrir janelas em vez de fechar. Sempre deixando migalhas pelo caminho para que o espectador não se perca por completo.

Cenas armadas não somente como representação de um passado ou de um fora, mas como geradoras de afetos no agora. É tempo de libertá-las pela leitura de cada um, para a cena da mente ou para a cena do mundo.

Luciana Eastwood Romagnolli[3]

---

3. Luciana Eastwood Romagnolli é jornalista e crítica de teatro. Mestre em Artes pela EBA/UFMG e doutoranda em Artes Cênicas pela ECA/USP. Fundadora e editora do site horizontedacena.com. É coordenadora de crítica do Janela de Dramaturgia.

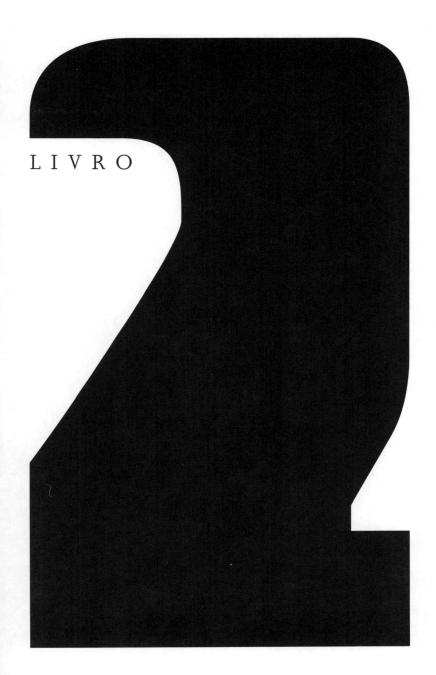

LIVRO

A
Carne
Sua

João Filho

Primeira coisa

um solilóquio

não esquecer nunca jamais tentar estar sempre o tempo todo comigo vazio busco recheio cheio busco vazio existir desistir existir desistir resistir resistir resistir.

ontem foi a virada, e eu me virei. foi um susto, salto triplo. preciso.

joão filho

a carne sua
parte I

abril

19h25

ele toma café sem açúcar em uma xícara marrom com desenhos de oceanos brancos. não sente fome. coloca uma música para o seu peixe. peixes são animais sensíveis ao som. o peixe ouve um chorinho. o homem toma banho. veste-se com uma roupa de tons azuis fortes.

1h25

distrai-se com sua expressão no pequeno espelho dependurado na porta. confere as chaves e sai.

02h00

ele chega ao trabalho.

ao vivo
ao vivo (3x)

silêncio, vai lendo...
valendo!

sorria; você está vivo, presente, comigo. sorrio; estou vivo, presente, contigo.

isso é um programa de culinária. ele é transmitido para vários lugares e muitas pessoas assistem a esse programa. isso é um programa de culinária e, hoje, ele completa um tempo. hoje é dia de comemorar muito trabalho, dedicação. agradecer a essa equipe maravilhosa que eu tive o privilégio de conviver durante esse tempo todo. é um programa diário, ao vivo, difícil.

(*Pausa.*)

eu acho importante ter um programa de culinária diário, ao vivo. tem gente que não gosta, que não assiste, que prefere outros programas, eu entendo. tudo bem. tudo bem? está tudo bem?

então sorria, você está na tv terapia!

não!

sorria, você está no programa todo dia.

joão filho

Música de entrada.

10h50

ele chega em casa. observa o aquário.

no aquário
é um aquário. eu nunca tive um cachorro e por isso acho
que deveria ter pelo menos um peixe. eu tenho um peixe,
se chama REX. REX, vem cá. REX! (*calma*) ele é novo, faz um
tempo que tá aqui. abaixo-me em sua direção e o observo,
ele faz o mesmo. peixes são animais sensíveis ao som. ele
ouve um choro.

(*Lembrar.*)

corro pra cozinha. preparo um café. eu adoro café. (*correr*) eu bebo café todo dia! se deixar, eu bebo toda hora,
se deixar eu bebo café de hora em hora! (*calma*) eu sei
que não é saudável tomar café de hora em hora, que
tomando café de hora em hora eu nunca vou dormir. o
café tá bom. fico atento.

volto-me ao REX. seus olhos castanhos. sua boca miúda.
azul, laranja e branco. o REX nada, borbulha.

11h20

ele coloca alguma coisa para despertar.

19h25

ele toma café sem açúcar na xícara marrom. não tem fome.
coloca uma música para o seu peixe.

1h25

ele observa o pequeno espelho dependurado na porta.
confere as chaves e sai.

02h00

ao vivo

isso é um programa de culinária transmitido para vários lugares e, hoje, ele completa um tempo.

(*Pausa.*)

a receita de hoje é uma carne de sol, gratinada ao molho de tomate sem casca (tomate pelado) acompanhado de uma pasta de abóbora e gengibre, temperada apenas com azeite, alho e bastante cebola picadinha.

(*Pausa.*)

eu acho gostoso essa receita de carne de sol ao molho de tomate sem casca, acompanhado de uma pasta de abóbora e gengibre. tem gente que não gosta, que prefere outras receitas – como a salada de alface, que fez o maior sucesso semana passada –, eu entendo. tudo bem. está tudo bem?

10h50

ele já está em casa. prepara um café. vai até a sala. assopra a bebida e observa a estante.

no vão, de frente para a estante.
eu cuido dos restos. dou banho, faço carinho, às vezes dou de mamar. ponho eles na estante amarela que fica em frente a cama.

uma garrafa vazia, uma caixa com fotos dentro, um bilhete importante. tenho um altar de apegos. não esquecer.

(*Silêncio.*)

fico parado, diante daquilo que já foi urgente. do que era vivo. do que era. imagens de afeto. guardo – tudo o que cabe. observo: aguardo algumas decisões de força. como um grito.

(*respira.*)

volto à estante, aos objetos; de plástico, alguns de vidro, madeira, papel, líquidos, tecidos... tem uma carne na estante. a carne sua. (*pausa*) não é você. (*silêncio*) cadê você? você tava aqui agora! ao lado do abajur, de pé... (*silêncio*) cadê você? como assim?

11h20

ele coloca alguma coisa para despertar.

grito

ele procura.
como assim? estava aqui agora, de pé, ao lado da cama...

cadê você? estava aqui...

(*Calma.*)

ufa! que susto! onde você foi? que susto! ufa! você, que susto!

achei que você não estava aqui. (*respira*) que tinha ido embora sem avisar, sem falar nada. que susto! que susto! não faça isso. que brincadeira. por favor!

café!

se deixar, eu bebo toda hora. o café tá bom. fico atento. (*respira*) do outro lado do vão, o REX me observa. é uma imagem funda. ele sente sede, fica nervoso. molhado de suor. se bate contra o vidro do aquário, como quem quer beber. café vicia! (*calma*) eu corro, coloco uma música. ele fica bem. REX! vem cá, REX!

1h25

ele confere as chaves e sai.

30

a carne sua

02h00

ao vivo

é importante lembrar de cortar a cebola em cruz e bem picadinha, o alho bem picadinho, o gengibre bem picadinho.
eu costumo comprar uma lata de tomate pelado no supermercado, já vem pronto, é só esquentar na panela, sempre em fogo baixo, pra ficar gostoso.

a pasta de abóbora:

descascar a abóbora, picar em pedaços pequenos, deixar ferver até ficar bem molinha. depois você amassa todos os pedaços, até virar uma pasta.

e aí, tá gostoso? então sorria!

10h50

ele chega em casa, corre pra cozinha. enquanto toma café, observa o REX.

1h25

ele passa pelo espelho. confere as chaves e sai.

02h00

ao vivo

a carne de sol

modo de preparo:

deixe a carne de molho no sol por algum tempo. lembrando que a gente aproveita o sal do sol que chega na carne. é importante aproveitar bastante o sol, até a carne suar. deixe o sangue escorrer... aí eu te toco, faço carinho. você passa seus dedos no meu rosto. você me chupa,

joão filho

lambe meu rabo, eu fico fraco, eu te chupo. depois que
a carne estiver bem molhadinha, você, com um martelo,
bate várias vezes até a carne ficar macia (*calma*). depois
de algum tempo, coloque numa panela com três litros
de água, cozinhe até desidratar. aos poucos, na pressão,
a gente se esfrega até sair um cheiro forte, de carne com
pelos, de hálito, sangue. você abre a boca e diz duas pala-
vrinhas: merda e mentiroso. eu finjo que não escuto. a
gente brinca com o branco do osso e do gozo, com os
nervos você faz um nó. eu minto, você chora. você chora
e eu finjo. aí, bem devagarinho, você me esquece, eu não
escuto... você me esquece, eu não escuto...

(silêncio.)

e o cheiro, tá gostoso? então sorria!

(*Música "a chegada de zé do né na lagoa de dentro" – cordel do fogo encantado.*)

10h50

em casa. ele assopra o café e observa a estante.

na estante amarela

retorno aqui todos os dias.

tem uma imagem na estante. uma pintura bonita de um
postal. ao fundo da imagem um filete de tinta escorre, a
carne sua. é você. apressada, caminha, corre, distante. eu
grito, aceno, dou saltos. você corre e não olha pra trás.

(*Calma.*)

fico imóvel. espero você cansar. você não cansa. então
corro, tento. não consigo, fico parado. olho pra baixo,
e vejo os meus pés amarrados por uma corda com uma
pedra grande e pesada em cada pé. coloco os meus óculos
e percebo que é o seu laço.

(*Calma.*)

aguardo algumas decisões de força, como um grito:

eu como um grito, até engoli, fica dentro de mim. fico cheio.

(*Calma.*)

cadê você? (*pausa*) eu estou aqui falando, você está me ouvindo aí? eu estou querendo te ouvir.

(*Calma.*)

onde você foi?

(*Calma.*)

cadê você?

(*Silêncio.*)

podia ter me avisado antes. tomei um susto!

eu queria ter me preparado melhor. podia ter me avisado antes. agora eu tô aqui, falando dessas coisas com uma pedra amarrada no pé e passando vergonha.

(*Silêncio.*)

tem coisas que quebram. que desaparecem. poderia ter sido mais fácil. foi um susto!

11h20

ele coloca alguma coisa para despertar.

13h25

ele observa a sua expressão no pequeno espelho dependurado na porta.

joão filho

perdido? sinopse.

zé trabalha, trabalha e se atrapalha diante daquilo que foi.
das coisas que já lhe foram próximas, ele não se apega a
nada, apenas cuida dos restos. ele sai do banho, lembra
de todo o dia, e volta ao trabalho. ele cuida do que era.
ele vivi do que foi.

02h00

ao vivo

isso é um programa de culinária transmitido para vários
lugares e, hoje, ele…

(Silêncio.)

eu estou aqui falando, você está me ouvindo aí? eu estou
querendo te ouvir. somos todos iguais. todos iguais?

olha a terapia! você está me ouvindo aí?

olha o tamanho do mundo! (pausa) e você aqui, falando
de você? isso é lamúria! lamurioso! vaidoso da porra!
você era mais engraçado

(Calma.)

e a carne, tá boa? tá gostoso? tá tudo bem? e aí, melho-
rou? pra que isso? isso só diz respeito a mim. certeza de
quê? o que eu faço aqui?

(Pausa.)

a transmissão falha. fora do ar.

10h50

ele chega em casa. enquanto toma café, observa o REX.

o REX se debate no aquário. ele tenta me avisar de alguma
coisa. eu não compreendo. ele se bate contra o vidro

34

a carne sua

do aquário. eu não compreendo. eu corro e coloco uma música.

(*Música entra "choro negro" — paulinho da viola. bem baixinho. vai ganhando volume aos poucos.*)

11h20

zÉ põe pra despertar uma bomba dentro dele todos os dias. pra lembrar de não esquecer. ele vê seus olhos no espelho, sente sua carne abatida, mentirosa, fraca, estúpida. ele se coloca na estante, as pessoas o observam por alguns instantes, a carne fica exposta. passa um tempo, a carne sua, fede. até ficar desinteressante, perecível.
ele erra, fecha os olhos e explode. adormece!

(*Música "choro negro" — paulinho da viola.*)

FIM PARTE I

joão filho

a carne sua
introdução parte II

foi abril,
e as coisas ali, estranhas.
corpo sente, não foge.
mente que finge, exposta.
o mundo vê e você,
tentando esconder, tentando esquecer,

em vão.
no vão, um homem grita dentro,
o rio passa fora, tudo passa.
quando? quiser
ser
ferido, rasgado. carne abatida, forte.
é dia de virar, levanta.

P.S.: triste: forma em seis letras um trilhão de imagens
sem vontade.

Sou **João Filho**, ex-jogador de futebol, ator e dramaturgo. Em 2010, me apaixonei pela obra do poeta Manoel de Barros, e desde então achei bonito essa coisa de falar do verbo. Gosto de boca e ritmo. Tenho pouca habilidade para desfechos. Prefiro ir. Confuso quando impulso. Sincero quando rio. Aprendi a importância de grupo no esporte. Gosto do teatro pelo exercício feroz da escuta. Beleza é quando a vida faz alguma coisa se jantar.

Anã Marrom

Marcos Coletta

Peça curta para dois atores.

Personagens:
  Atriz/Estela
  Ator
  Rodrigo
  Luiza
  Inácio
  Homem
  Miguel

Uma ATRIZ interpreta ESTELA. Um ATOR interpreta todo o resto em torno dela. Parede branca. O Universo projetado sobre o corpo da atriz. Ela está sozinha em cena, exposta. Observa o público enquanto o Universo transpassa o seu corpo. Há um orgulho sereno nessa exibição.

ATOR: Um velho sentado sob o beiral, cortando um fumo de rolo, contempla sua criação de porcos. Uma criança com os pés na areia, as mãos sujas de doce, hipnotizada pelos balões de gás. Uma jovem agarrada às costas de seu namorado, os cabelos furiosos, o barulho da moto. Uma mãe deitada sobre a cama do hospital, agarrada ao filho que acaba de nascer. Um homem de rua encostado no muro, dedilhando um violão com quatro cordas, observa sapatos apressados. Quem nunca olhou pro céu?

ESTELA: Respira. Para. Respira. Para. Respira. Para. Para. Respira. O som. O nada. O som. O nada. O nada. Baixo. Corrente. Baixo. Corrente. Baixo. Mais baixo. Corrente. Mais fundo. A flecha. O arco. A flecha. O arco. A curva do arco. A flecha. O espaço. O que não está.

40 anã marrom

(Corte.)

ATOR: Miguel nasceu sem querer. Filho de uma garrafa de vodka. Estela, 20 anos, balconista, cabelos pintados, muito magra e muito branca, fumante. Rodrigo, 25 anos, bem nascido, olhos azuis, estudante involuntário de administração, bissexual, ateu. Ele dançava furiosamente enquanto ela o observava do bar. Ele não dançava como um homem, nem como uma mulher. Ele dançava como um deus, um senhor todo poderoso, um Shiva destruidor dentro do círculo de fogo conduzindo todo o universo. Um buraco negro engolindo tudo à sua volta. Ele não estava com ninguém. Não olhava pra ninguém. Ele não estava ali. Era o seu corpo-fora, o seu suor e nada mais. Acabar antes do tempo. Ela virou a dose e se arremessou. Entrou em sua órbita. Ele abriu os olhos.

ESTELA: Medusa.

ATOR: Ela soltou os cabelos. Ele urrou e socou o ar. Ela se enroscou em seus quatro braços. Dança do Cosmos. Bar. Carro. Quarto. Banheiro. Cozinha. Porta. Um aceno ligeiro. Um telefonema.

RODRIGO: Eu estou me mudando. Vou para a Índia.

ESTELA: Índia? O que vai fazer lá?

RODRIGO: Não sei.

ESTELA: E a sua faculdade?

RODRIGO: Desisti.

ESTELA: Queria te ver uma segunda vez, antes de você ir. Te devolver aquela jaqueta que você me emprestou.

RODRIGO: Amanhã. Às nove.

ESTELA: Combinado.

ATOR: Ele não apareceu. Caixa de Mensagens. Quatro dias. Um email.

ESTELA: "Estive ocupado todos estes dias resolvendo pendências da viagem. Meu pai teve um derrame. Mil coisas. Não pude ir ao nosso encontro. Me desculpe. Meu voo é amanhã cedo. Não conseguirei te ver. Darei notícia quando chegar. Você é linda. Um beijo."

ATOR:	Estela vomitou pela primeira vez. Passou uma semana trancada no quarto. Depois de superar a hipótese do aborto.
ESTELA:	Será homem e vai se chamar Miguel.
ATOR:	Ela escreveu um email para Rodrigo, 54 linhas. Mas não enviou. Ele nunca tinha dado notícias. Talvez tivesse morrido, se apaixonado, se convertido a uma religião oriental, ou talvez só quisesse manter os 15 mil quilômetros de distância de tudo o que havia deixado aqui.

Ela contou para a mãe, no interior. O pai havia morrido quando ela tinha 12 anos. Atropelado voltando de uma de suas bebedeiras. Estela sabia que era possível criar um filho sem pai. "Porque no fundo eles sempre sentem um ar de obrigação na condição de pai". O filho é da mãe, é sempre da mãe.

ESTELA:	E a mãe? É de quem?
ATOR:	Estela guardava um dinheiro para conhecer a Europa. Ficar por lá uns seis meses. Quem sabe morar, trabalhar. Mas Miguel foi o desvio da rota. Ela decidiu parar de fumar, de beber, voltou a estudar. Queria ser uma boa mãe. Dessas que levam o filho na escola. Que tomam suco no café da manhã. Que ensinam o dever de casa. Queria ter o que ensinar. Queria amar aquele que chegava. E fazer bolo! Com calda! A bolsa estourou dentro do ônibus, onze da noite. Taxi. Hospital. Estela resistia. Sem dilatação. Ela pensou se desistisse. Afinal, quantas mães perdem seus filhos no parto. Este só seria mais um. Talvez Miguel não quisesse mesmo vir. Talvez o mundo não tivesse nada para Miguel. Talvez fosse uma apendicite, inchaço, um tumor, talvez não tivesse filho nenhum... Miguel nasceu sem choro. O azul do pai enterrado nos olhos.
ESTELA:	Um ser... Um ser inteiro, completo, vivo sai de dentro do seu corpo. Você não sabe o que isso realmente significa até o momento em que você vê aquele ser expulso. Aquele ser que acabava de passar pela sua primeira morte. E eu morria e vivia junto. E veio uma tristeza profunda e outros sentimentos que não estavam nos planos. Eu era dois. Eu era outro. À mercê dos desejos caprichosos desse

42   anã marrom

estranho. Mas isso não tem nada a ver com hormônios, com neurônios, tem a ver com o Universo.

(Corte.)

ATOR: Havia pitanga no quintal de Dona Elisa. As crianças passavam o tempo em baixo das pitangueiras. Estela magra, cabelos rebeldes, pernas finas e compridas, cicatriz no joelho, pensava que pitanga era uma abóbora que não cresceu. Eduardo, o mais velho, subia até o galho mais alto e lançava para os menores as frutinhas mais maduras. Claro que as melhores ele guardava para si. Mas aquelas árvores não eram só galhos e pitangas, mas um universo inteiro de mistérios e segredos incrustados nos troncos, nas folhas, em cada minipétala de cada flor branca. Os irmãos dividiam aquele mundo com outros animais, pássaros, lagartas, formigas e principalmente abelhas. Inácio, o menor, uma vez foi picado por várias delas, Dona Elisa quase o viu morrer. Ela pensou em cortar as pitangueiras, mas, sob forte protesto dos meninos, desistiu do plano. Enquanto dava peito pra Miguel, Estela se lembrava de tudo isso. Das histórias de terror de Eduardo. Dos choros pirracentos de Inácio. Das músicas que Luiza, a outra irmã, inventava e fazia todos decorarem. Do medo que ela mesma tinha de morcegos. Do medo que ela aprendeu a sentir de verdade quando viu Inácio inchado e epilético após o ataque das abelhas. Da mãe calada lavando roupa, observando do meio muro os filhos no quintal. Lembrou também da Tininha, a cadela vira-lata que dava cria todo ano. Tininha com certeza deve ter dado à luz a uns cinquenta filhotes. E se cada filhote de Tininha procriou pelo menos uma vez e assim por diante, Tininha deixou milhões de descendentes espalhados pelo mundo. E nos partos de Tininha era sempre Estela que enterrava os que nasciam mortos. Uma vez, Eduardo matou um deles, de propósito. Colocou o filhote numa bola de futebol rasgada e lançou no meio da rua. Um carro passou por cima da bola que rolou ensanguentada. Quando a bola parou, eles voltaram pra casa. Nenhuma palavra. Atônitos e mudos perante o poder e o controle sobre a vida alheia, sobre os seres mais frágeis e indefesos. Aquilo virou um segredo entre os irmãos. Um crime compactuado. Guardado na gaveta do silêncio e da culpa, junto com as lembranças ruins e outros traumas. Morremos e matamos.

ESTELA: Miguel, eu queria que você não me escondesse nada. Por mais difícil que seja pra você. Mesmo que você pense que eu vou ficar brava, te bater, te colocar de castigo. Eu quero que você me conte tudo o que você pensa. Eu sei que isso pode parecer tirânico, opressor, mas, por favor, não me esconda nada. Me fala das suas dúvidas, do seus medos, dos seus desejos, dos seus arrependimentos. Me conta coisas interessantes, me conta sobre você e sobre o que você guarda no bolso. Me mostra a sua língua.

ATOR: Luiza, a outra irmã, era sempre a pioneira. Saiu de casa para estudar em outra cidade. Arrumou um namorado, Fernando, mais velho, muito bonito, tinha uma Honda CB360 que havia sido do seu pai. Luiza costumava aparecer no fim de semana. E Estela achava lindo aquele casal chegando, aquela moto sempre lustrada, aquele motor roncando, seu rosto refletido na lataria azulada. E ela começou a sonhar com o seu próprio Fernando. Que teria outro nome, claro. Mas a moto seria a mesma. Ainda que o seu Fernando fosse ruivo, de olhos verdes. E eles teriam dois filhos, gêmeos.

ESTELA: Luiza, você e o Fernando fazem sexo?

LUIZA: De onde você tirou isso, Estela?

ESTELA: Só queria saber.

LUIZA: Você sabe o que é isso?

ESTELA: É claro que sei. Eu tenho 11 anos… Você deixa o Fernando fazer sexo com você?

LUIZA: Por que você quer saber?

ESTELA: Somos irmãs.

LUIZA: Sim. Nós fazemos sexo.

ESTELA: E é bom?

LUIZA: Sim, é bom.

44   anã marrom

ESTELA: E a mamãe sabe?
LUIZA: Talvez.
ESTELA: Você devia contar pra ela.
LUIZA: Vou contar.
ESTELA: Luiza…
LUIZA: Oi?
ESTELA: Você não tem medo?
LUIZA: Medo de quê?
ESTELA: E se você tiver um bebê?

(Silêncio.)

ESTELA: Luiza? Vem! Vem ver a Tininha! Ela deu cria outra vez.
ATOR: Luiza já estava grávida. E estava ali naquele dia para contar pra mãe. Mas não contou. Fernando ficou irritado, quis ir embora. Luiza foi-se, séria. Não chegou a se despedir de todos os irmãos. Com a moto já ligada, Estela correu até eles.
ESTELA: Fernando! Promete que um dia me leva para passear na garupa?
ATOR: Foi a última vez que viu a irmã viva.
ESTELA: Miguel, se você viesse menina, iria se chamar Luiza.
ATOR: Estela ficou triste pela morte da irmã, mas também sentia uma sensação estranha de alegria, porque Luiza morreu jovem, linda, com seus longos cabelos, abraçada ao homem que amava. Isso era bonito. Estela também queria morrer assim. E não como seu avô, definhando na cama durante dois anos, sem qualquer consciência, com pernas e braços amputados. Aquele corpo seco e mudo, comido pelo câncer, implorando com os olhos pra que desligassem os aparelhos. A lembrança que ela tinha do avô doente sempre se misturava com a sua criação de porcos que ela tanto o viu matar. Tudo mesclado ao cheiro forte do fumo de rolo que ele fumou por toda a vida e o esterco juntado atrás do curral. Foi no necrotério que descobriram a gravidez de Luiza. Estela se lembrou do filhote da Tininha morto dentro da bola de futebol. A bola rolando ensanguentada pela rua, como deve ter sido dentro da barriga da Luiza…

Estela escreveu uma carta para Fernando, que nunca chegou a entregar.

ESTELA: "Fernando, você é um príncipe verdadeiro. Foi o príncipe da minha irmã. Ela te amou e foi feliz. A culpa não é sua. Não existe culpa. Vocês iam ter um bebê, mas ele morreu em Luiza. Mas ele ainda não era um bebê, ele ainda era a Luiza. Não fique triste. E não pare de andar de moto. A Luiza ainda te ama. Eu também."

ATOR: E foi a vez de Estela ir morar na capital. Fez amigos, perdeu a virgindade, começou a fumar, se interessou por cinema, música, astronomia. Estela, engolida pela cidade e por todo o absurdo que a faz existir. E se sentia parte daquele universo de mistérios, como quando era pequena no meio das pitangueiras. Não se mora em uma cidade, se expande com ela, no seu corpo imenso e irregular.

ESTELA: Uma noite, quando eu voltava do trabalho, vi um homem ser morto por outro homem. Parecia uma briga, uma discussão. Eles se conheciam. Foi quando o outro sacou a arma e atirou. Um único tiro. No pescoço. Ele me viu, viu que eu via, trocamos um olhar e ele foi embora. Eu esperei ele sumir e corri até o outro homem. Já estava morto. Mas os olhos ainda pareciam olhar. Pareciam olhar como os olhos do meu pai quando chegava bêbado em casa. Pareciam olhar como os olhos da Luiza, e como os olhos do filhote da Tininha dentro da bola. Aqueles olhos eram dois sóis se extinguindo. Ele tinha um nome. Mas eu não sei qual era. Eu nunca vou saber.

ATOR: Não se mora em uma cidade, se expande com ela, no seu corpo imenso e irregular. Estela conheceu pessoas, criou vínculos, experimentou convívios, anotou telefones, apagou alguns depois, deitou-se em camas, chorou em mesas, suspirou em sofás, gargalhou muito em tapetes. E então veio Miguel, rasgando o céu como um cometa errante.

ESTELA: Como pode saber um homem o que é uma mulher? Os homens fecundam mulheres, e seus corpos são os mesmos. As mulheres são fecundadas por homens. E concebem uma vida. E carregarão um filho em seu corpo, nas marcas e

46 anã marrom

nos vazios do seu corpo. Serão mães para sempre. Mesmo que o filho morra. Mesmo que o filho desapareça.

INÁCIO: Alô, Estela?

ESTELA: Inácio?

INÁCIO: Sim, sou eu.

ESTELA: Inácio! Por que vocês não me ligaram na semana passada? Eu tentei ligar pra vocês na segunda, mas...

INÁCIO: Estela, escuta.

ESTELA: O que aconteceu?

INÁCIO: O Eduardo.

ESTELA: O que tem ele?

INÁCIO: Ele foi preso.

ESTELA: Preso? Preso?! Por quê?

INÁCIO: Ele matou um homem.

ESTELA: Matou um homem? Que homem? Que história é essa? Como sabem que é ele? Pode estar sendo acusado sem...

INÁCIO: Ele já confessou, Estela.

ESTELA: Cadê a mamãe?

INÁCIO: Está na casa da tia Marta. Ela está mal, Estela.

ESTELA: Por que o Eduardo fez isso?

INÁCIO: Foi uma briga boba, de bar. Ele estava muito bêbado, o outro cara também. Eles brigaram. O Eduardo atirou.

ESTELA: O Eduardo tem uma arma??

INÁCIO: Tinha.

(*Elipse temporal.*)

ESTELA: Miguel. Fala comigo! Mã-Mãe. Mã-Mãe. Fala! Mã... Mã... Mamãe!

ATOR: Estela foi passar um tempo com a mãe. E a mãe estava seca. Turva. Vestida de lacunas.

ESTELA: E então?

INÁCIO: Temos que ver o que vamos fazer com a mamãe.

ESTELA: Como assim? O que vamos fazer?

INÁCIO: Eu não posso passar o tempo todo cuidando dela. E não acho que ela deve ficar aqui sozinha depois de tudo o que aconteceu. Tia Marta já ofereceu a casa dela, mas ela diz quer ficar aqui.

ESTELA:	Então vamos deixar.
INÁCIO:	Você está louca?
ESTELA:	Não é isso que ela quer?
INÁCIO:	Ela vai morrer se ficar aqui sozinha.
ESTELA:	Alguma vez ela falou que você tem a obrigação de cuidar dela?
INÁCIO:	Claro que não. Mas ela está péssima, Estela. Ela não pode ficar aqui sozinha!
ESTELA:	Inácio, se é o que ela quer... Se não for, ela vai pedir ajuda.
INÁCIO:	Vocês foram todos embora. E me deixaram aqui, sozinho com ela.
ESTELA:	Ninguém foi embora. Ainda estamos todos aqui. Eu, a Luiza, o Eduardo. E você não está sozinho. Ninguém nunca está sozinho. Tem sempre alguma coisa nos fazendo companhia. Um animal, uma planta, um som, uma mãe...
INÁCIO:	Vocês me deixaram aqui com ela. Eu não quero ficar aqui pra sempre.
ESTELA:	Pra onde você quer ir?
INÁCIO:	Não sei...
ESTELA:	Quando souber, arruma suas coisas e vai. Mas não pense duas vezes. Pegue suas coisas e vai.
ATOR:	A mãe entra, os filhos se calam. Ela olha para cada um. Pega Miguel no colo e o observa fixamente. Entrega Miguel a Estela. Olha pela janela. Coloca as mãos para fora. Respira fundo. Vira-se. Volta a olhar os filhos. Anda devagar para fora do quarto. Um som de estilhaço. Os filhos correm até à cozinha. A mãe está parada, um pano na mão. "O prato escorregou."
ESTELA:	Mãe: Árvore de copa larga. Nuvem cheia. Poço sem fundo.
ATOR:	O Universo não tem curva.
ESTELA:	Um pé... Outro pé... Um pé... Outro pé... Isso! Muito bem! Mas tem que segurar a mão da mamãe, senão você cai. Isso. Muito bem! Um pé... Outro pé.
ATOR:	Um objeto inanimado, uma cadeira, um cinzeiro de metal, um abajur, guardam algum tipo de consciência? Uma mosca sabe alguma coisa de si?

48	anã marrom

ESTELA: Miguel! Miguel! Aparece agora, Miguel! Não gosto dessa brincadeira de esconder! Miguel, se você não aparecer, vou ficar brava com você. Miguel? Miguel!

(Corte.)

ATOR: O seu avô criava porcos. O seu pai bebia como um porco. A sua mãe faz um pernil assado como ninguém.

ESTELA: A mãe segura as mãos do filho. O filho tenta correr e a mãe o puxa de volta. O filho segura as pernas da mãe. A mãe tenta andar e o filho se abraça nos seus joelhos. O filho e a mãe tentam correr, mas eles se enroscam um no outro. Eles se embolam. Eles são dois novelos bem embolados. Dois novelos da mesma cor, mas de tons diferentes.

ATOR: Mãe. O Grande Outro.

ESTELA: Na cidade não se vê muito bem o céu. O céu do interior é maior. O céu de lá abraça a gente. Tem som, tem cheiro, tem feição. O céu do interior dança. Ele fala com o tempo.

HOMEM: De que cidade você é?

ESTELA: Ah, você não vai conhecer. Ninguém conhece.

HOMEM: Quem sabe eu conheça...

ESTELA: Fortuna.

HOMEM: Que nome ótimo! Fortuna significa muito dinheiro.

ESTELA: Fortuna é a deusa do acaso, da sorte e também do azar.

HOMEM: Nossa... Quer mais uma cerveja?

ESTELA: Não, obrigada. Na verdade eu tenho que ir.

HOMEM: Mas já? Ainda é cedo.

ESTELA: Eu acordo cedo amanhã e meu filho está sozinho em casa.

HOMEM: Você tem um filho?

ESTELA: Sim. De quatro anos.

HOMEM: Mas você é tão nova...

ESTELA: É, mas já tive filho...

HOMEM: Que...

ESTELA: Azar?

HOMEM: Não, não. Não ia dizer isso... Você é casada?

ESTELA: Não. Eu só vi o pai dele uma vez.

HOMEM: Uau...

ESTELA: Eu sei o que você está pensando, mas eu não sou uma vadia.

HOMEM: Não pensei isso.

(*Pausa.*)

HOMEM: Vem, vou te levar em casa.
ESTELA: Não precisa.
HOMEM: Vem, por favor.

(*Elipse temporal.*)

ESTELA: Miguel! Acorda, está na hora de ir pra escola. Já estamos atrasados!
MIGUEL: Mãe.
ESTELA: Oi?
MIGUEL: Tinha um homem na sala. Não era sonho. Era verdade.
ESTELA: O quê?
MIGUEL: Tinha um homem na sala hoje cedo. Ele me viu, me deu tchau e foi embora.
ESTELA: O que você estava fazendo acordado?
MIGUEL: Eu estava com vontade de fazer xixi. Quem era ele?
ESTELA: Ele? Ele é um amigo da mamãe.
MIGUEL: Que amigo?
ESTELA: Um amigo da mamãe.
MIGUEL: Do seu trabalho?
ESTELA: Não.
MIGUEL: Da sua escola?
ESTELA: Não.
MIGUEL: Mas de onde então?
ESTELA: De uma festa que a mamãe foi.
MIGUEL: De aniversário?
ESTELA: Não, outro tipo de festa.
MIGUEL: E por que você não me levou?
ESTELA: Porque você não podia entrar, era festa de adultos.
MIGUEL: Então era chata?
ESTELA: Sim, muito chata. Você ia odiar.
MIGUEL: Seu amigo dormiu aqui?
ESTELA: Meu amigo? Sim, ele dormiu aqui.
MIGUEL: Onde?
ESTELA: No sofá. Ele dormiu no sofá.

50   anã marrom

MIGUEL: Por que você nunca me deixa dormir no sofá e o seu amigo pode?

ESTELA: Porque você tem o seu quarto, a sua cama.

MIGUEL: Você podia ter colocado um colchão no meu quarto pro seu amigo dormir no lugar certo. Ou então você podia ter dividido sua cama com ele. Sua cama é grande e cabem duas pessoas.

ESTELA: É verdade. Você tem toda a razão. Mas eu me esqueci disso. Vamos? Estamos atrasados.

MIGUEL: Cadê o meu pai?

ESTELA: O que você disse?

MIGUEL: Nada não.

ESTELA: Miguel...

(*Pausa.*)

ESTELA: Quando eu olho pra ele, eu vejo a mim. Eu vejo a minha infância, o meu passado. Mas vejo também o desconhecido. O que virá, e que não sabemos. O que virá e eu não verei. Não estarei aqui pra ver. Quando eu olho pra ele, eu vejo o rosto borrado do pai. Que eu já esqueço como realmente é, mas que imagino como seja. Ele precisa de um pai? Qualquer pai? Alguém que se coloque entre mim e ele? Alguém que dispute com ele o meu desejo?

(*Elipse temporal.*)

MIGUEL: Mãe. Amanhã na escola temos que levar uma foto da nossa família.

ESTELA: Uma foto da família? Você pode levar aquela que estamos eu, você, o tio Inácio e a vovó.

MIGUEL: Mas a professora falou pra levar uma foto com os pais.

ESTELA: Mas você vai levar a que eu te falei, e se essa sua professora perguntar alguma coisa, diga a ela que essa é sua família.

MIGUEL: Está bem.

(*Pausa.*)

MIGUEL: A Mariana, da minha sala, também não tem pai. O pai dela também morreu...

marcos coletta

ESTELA: E quem disse que seu pai morreu? Ele não morreu.

MIGUEL: Você nunca me diz nada dele.

ESTELA: Na Índia. Seu pai está na Índia.

MIGUEL: Onde fica isso?

ESTELA: É um país muito longe. Muito longe mesmo. Do outro lado do mundo.

MIGUEL: E o que ele está fazendo lá?

ESTELA: Está fazendo um trabalho muito importante e muito secreto. Por isso eu não posso te contar muita coisa.

MIGUEL: Um trabalho secreto? Que trabalho? Me conta, por favor!

ESTELA: Ele está construindo um foguete. Para ir ao espaço.

MIGUEL: Sério?

ESTELA: Sim. Mas ninguém pode saber, hein! O seu pai vai construir um foguete, e quando o foguete estiver pronto, ele vai viajar ao espaço. E lá ele vai ficar muito tempo, visitando várias estrelas, e vários planetas.

MIGUEL: Mas ele vai voltar?

ESTELA: Sim. Vai voltar. E vai vir te buscar pra viajar no foguete dele. E vocês vão conhecer o mundo todo, o universo. Não é legal?

(*Elipse temporal.*)

MIGUEL: Mentira. Com dez anos eu comecei a desconfiar que meu pai não estava construindo foguete nenhum. Com doze eu já estava certo de que era tudo uma grande farsa.

ESTELA: E ele passou a me odiar com todas as suas forças. Eu era a vilã. A traidora. Ele ficou alguns dias sem dizer uma palavra. E passava horas na janela… Posso ver o céu com você?

MIGUEL: O meu pai não está em foguete nenhum. O meu pai nem deve saber que eu existo. E você nem deve saber onde ele está. Mas não importa. Está tudo bem. Eu não vou precisar de pai pra conhecer o espaço.

ESTELA: Está vendo aquela ali? Aquela mais brilhante? É Sirius. A estrela mais brilhante do céu. Duas vezes maior que o Sol.

MIGUEL: Mas como ela pode ser maior que o Sol se ela é tão pequena?

ESTELA:	É que ela está muito mais longe. Aquelas três ali, juntinhas, são o cinturão de Órion.
MIGUEL:	Órion?
ESTELA:	Uma constelação. Um conjunto de estrelas que formam um desenho no céu. Órion forma a imagem de um caçador.
MIGUEL:	Que caçador? Não estou vendo caçador nenhum.
ESTELA:	Cadê sua imaginação? É quase como o desenho das nuvens. A diferença é que as nuvens mudam de forma a todo o momento, e as estrelas estão sempre no mesmo lugar.
MIGUEL:	Mas de dia elas não estão ali.
ESTELA:	Claro que estão, o planeta é que gira e fica de costas pra elas.
MIGUEL:	E elas nunca se apagam?
ESTELA:	Se apagam, sim. Elas nascem, crescem, perdem a força e morrem. O Sol também vai morrer um dia. Na verdade, muitas dessas aí já devem estar mortas?
MIGUEL:	Como assim?
ESTELA:	Como elas estão muito longe, a luz que estamos vendo viajou muitos anos pra chegar aqui. Quando chega aos nossos olhos, já passou tanto tempo que elas já podem ter morrido. Vemos as estrelas não só no espaço, mas também no tempo. Olhar pra elas é olhar pro passado.
MIGUEL:	Hum…
ESTELA:	Entendeu?
MIGUEL:	Você está inventando isso?
ESTELA:	Não! É verdade. Eu estudei um pouco.
MIGUEL:	Eu não quero estudar matemática. Eu quero estudar as estrelas
ESTELA:	Mas pra você estudar as estrelas de verdade, você vai ter que saber muita matemática.
MIGUEL:	Eu não gosto da escola.
ESTELA:	Na sua idade eu também não gostava. Mas uma hora você encontra alguma coisa que você gosta, e aí você vai querer estudar muito.
MIGUEL:	E se viajássemos para a Índia?
ESTELA:	Para a Índia… É uma ideia interessante. Quem sabe um dia.
MIGUEL:	Eu quero viajar o mundo todo.

ESTELA: Você vai.

MIGUEL: Eu fico pensando nas pessoas dos outros países...

ESTELA: Pensando o quê?

MIGUEL: Em como elas são. O que elas estão fazendo.

ESTELA: Elas estão fazendo o mesmo que nós. Em qualquer lugar, estamos todos fazendo basicamente as mesmas coisas.

MIGUEL: Mãe, o que acontece quando a gente se apaga?

ESTELA: Eu não sei. Ninguém sabe.

MIGUEL: E o céu?

ESTELA: O céu é isso aí que a gente vê. Infinito e cheio de estrelas, que mesmo mortas há tanto tempo a gente continua a enxergar.

(*Pausa.*)

ESTELA: Sabia que cada estrela é de um jeito?

MIGUEL: Não.

ESTELA: Elas nascem de grandes explosões e, quando crescem, atingem pesos, tamanhos e cores diferentes. O Sol, por exemplo, é uma Anã Amarela, existem Anãs Brancas, Gigantes Vermelhas, Gigantes Azuis...

MIGUEL: E Gigantes Brancas?

ESTELA: Acho que sim.

MIGUEL: E Vermelhas Pequenas?

ESTELA: Pode ser... Temos que pesquisar.

MIGUEL: Verdes?

ESTELA: Acho que verdes não... Mas tem uma especial que se chama Anã Marrom.

MIGUEL: Marrom? Nunca vi estrela marrom.

ESTELA: Na verdade, ela não chega a ser uma estrela. É um projeto de estrela. Um projeto que deu errado. Cresceu demais pra ser um planeta, e muito pouco pra ser uma estrela. Ela emite uma luz muito fraca, avermelhada, quase marrom, praticamente invisível. É uma estrela fracassada... Ela pode ter cem vezes o tamanho da Terra, e mesmo assim é um fracasso. Um fracasso gigante...

(*Pausa.*)

54   anã marrom

MIGUEL: Você podia arrumar um marido.
ESTELA: Por que está falando isso?
MIGUEL: Você não tem vontade de ter outros filhos?
ESTELA: Não é simples assim ter um filho.
MIGUEL: Eu não vou ter filhos. Se quiser netos precisa arrumar novos filhos pra você.
ESTELA: Você é muito convicto para um garoto de doze anos.
MIGUEL: Eu quero aprender violão.
ESTELA: Podemos comprar um pra você.
MIGUEL: Sério?
ESTELA: Sério.
MIGUEL: O meu pai tocava violão. Eu acho.
ESTELA: Por que você acha isso?
MIGUEL: Toda vez que sonho com ele, ele está sentado no passeio, tocando um violão. Então eu passo, olho pra ele, ele sorri, eu lhe dou uma moeda e ele me deseja bom-dia. Aí eu vou embora.

(*Elipse temporal.*)

ESTELA: O filho cresce. A mãe envelhece. O filho vê o espelho. A mãe abre os armários. O filho quebra um braço. A mãe endurece. O filho escorre. A mãe inunda. O filho sonha. A mãe também.

(*Elipse temporal.*)

MIGUEL: Eu gosto de andar de ônibus à noite. Ver as pessoas voltando pra suas casas. Os rostos cansados. Os corpos já entregues. O olhar anestesiado e indiferente. Vez ou outra um sobressalto, como se voltassem pra realidade. Uns dormem. E acordam assustados com o solavanco. Outros ouvem música em seus fones. Que música estão ouvindo? Alguns leem. Outro dia uma mulher imaginava alguma coisa e sorria. Fechava os olhos e mexia os lábios como se numa conversa. Ao lado dela, um senhor olhava pela janela. Mas não olhava o lá fora. Os olhos vagos dele miravam muito além dali. Foi quando entrou um cara armado e assaltou todo mundo. A mulher do sorriso ficou apavorada, o senhor estava com os olhos arregalados e agitados. O que aquele homem levou de cada um? Dinheiro, documentos, relógios... E o que mais? Meu estômago doía como se tivesse levado um soco. Mas era só susto. Os rostos daqueles dois ficaram gravados pra sempre na minha cabeça. Já o do assaltante, eu não guardei nenhum traço. Eu gosto de andar de ônibus.

(*Elipse temporal.*)

ESTELA: Miguel, me explica isso...

MIGUEL: São cigarros, mãe. Cigarros de palha.

ESTELA: Eu sei o que são. Quero saber o que estavam fazendo no seu quarto.

MIGUEL: Você abriu minha gaveta?

ESTELA: Não desconversa.

MIGUEL: Eu os fumo.

ESTELA: Desde quando?

MIGUEL: Há alguns meses.

ESTELA: Você sabe o mal que isso vai te causar?

MIGUEL: Sei.

ESTELA: Então por que você "os fuma"?

MIGUEL: Porque são gostosos. Me dá prazer. Estimulam minha reflexão solitária.

ESTELA: Quanto?

MIGUEL: Não muitos. Este maço já tem uma semana.

ESTELA: O seu bisavô morreu por causa disso, sabia? Câncer!

MIGUEL: Eu sei.

ESTELA: Não devia fumar isso aqui. Mas se for pra fumar, compre pelo menos um cigarro de qualidade. Isso aqui é porcaria.

MIGUEL: Comprarei um melhor da próxima vez.

ESTELA: E a escola?

MIGUEL: O de sempre...

ESTELA: E as namoradas?

MIGUEL: Ai, por favor...

ESTELA: Você se forma este ano. Já pensou o que vai tentar no vestibular?

MIGUEL: Nada.

ESTELA:	Como nada?
MIGUEL:	Eu não vou tentar vestibular este ano.
ESTELA:	Você está louco.
MIGUEL:	Não, mãe. Eu não estou. Eu não sei o que eu quero ainda.
ESTELA:	Como não sabe? Não pensou em nada? Corre que ainda dá tempo de pensar. Não é possível que nada te interessa. Veterinária, História, você gosta de História. Tudo bem, não é lá a melhor profissão do mundo, mas já é alguma coisa.
MIGUEL:	Sim, eu gosto de História. Mas agora eu vou viajar, mãe.
ESTELA:	Viajar?
MIGUEL:	É, eu vou fazer uma grande viagem. Aquele dinheiro que você disse que estava guardando pra mim, eu vou precisar dele.
ESTELA:	Miguel, que besteira… Que besteira! Aquele dinheiro é pra quando você se formar na faculdade!
MIGUEL:	Mas eu não sei quando isso vai acontecer, então eu preciso dele agora.
ESTELA:	Não, não. Não é assim. As coisas não são assim. Eu sou sua mãe e não foi pra isso que eu juntei esse dinheiro. A vida não é assim.
MIGUEL:	Como é a vida, mãe? Se a vida não é assim, como ela é?
ESTELA:	Miguel, você não está entendendo.
MIGUEL:	O que eu não estou entendendo?
ESTELA:	Pare de me retrucar com perguntas maliciosas. Sabe que eu não gosto disso.
MIGUEL:	Quando eu era muito pequeno, você falou pra eu não te esconder nada. Te dizer tudo o que eu pensava, o que eu queria. Lembra?
ESTELA:	Você não tinha nem quatro anos, como pode se lembrar disso?
MIGUEL:	Mas eu me lembro, e agora estou te contando o que eu quero, e pedindo a sua ajuda.
ESTELA:	Ai, Miguel, que viagem maluca é essa?
MIGUEL:	Você vai fumar o meu cigarro?
ESTELA:	Só um. Você me deixou nervosa.
MIGUEL:	Eu vou começar por Buenos Aires, depois vou subir pelo Chile até a Bolívia e depois o Peru. De lá eu vou para a

marcos coletta

Colômbia e Venezuela. Nesse tempo todo eu vou arranjar alguns empregos e juntar uma grana. Se der, cruzo o Atlântico. Senão, volto.

ESTELA: De onde você tirou isso? Que maluquice! Isso não vai dar certo! Você acabou de fazer dezoito anos! É uma criança ainda!

MIGUEL: Se não der certo, eu volto.

ESTELA: Depois de ter torrado todo o dinheiro?

MIGUEL: Se der errado eu volto, trabalho e te pago tudo. Eu juro que te pago tudo. Eu só preciso de um dinheiro pra começar.

ESTELA: Começar? Começar o quê? Que loucura, Miguel... Vai ser difícil eu aceitar isso.

MIGUEL: Tudo bem, pode pensar melhor até me dar uma resposta.

ESTELA: Você se forma agora, entra pra faculdade, aí você termina o curso, eu te dou o dinheiro e você faz o que você quiser.

MIGUEL: Mãe, eu tenho que fazer isso agora. O tempo é esse.

ESTELA: Isso é ansiedade. Um impulso. Logo você vai se dar conta do quanto é absurdo.

MIGUEL: Absurdo é o Universo, mãe, que se criou a si mesmo.

ESTELA: O quê?

MIGUEL: O Universo.

ESTELA: E se eu não te der o dinheiro?

MIGUEL: Eu vou começar a trabalhar e juntar o meu próprio. Você só precisa me falar se vai me ajudar ou não.

ESTELA: Você acha que é independente, rapaz? Acha que é só ir embora assim de uma hora pra outra? Deixar sua vida, sua mãe, sua família! Você não consegue ficar uma semana fora dessa casa! Uma semana!

MIGUEL: Com quantos anos você saiu da casa da vovó pra morar aqui?

ESTELA: Ah, mas não é a mesma coisa! Era outra época e eu só saí do interior e vim para uma cidade grande! É muito diferente. Muito diferente.

MIGUEL: Pois pra mim é igual. Você foi atrás do que não conhecia. Porque aquilo lá não te cabia mais. E isso aqui já não me cabe também. Eu só quero ir atrás do meu desconhecido, mãe. E o meu desconhecido não está aqui.

ESTELA: E se estiver errado? E se tudo isso for uma grande boba-
gem da sua cabeça?

MIGUEL: Aí sou eu que vou descobrir.

ESTELA: Miguel…

MIGUEL: Eu quero viver o tamanho do mundo, mãe. De dentro de
casa ele parece enorme, mas é só dar uns passos e você
vê que ele é pequeno. Eu sei. Você sabe.

ESTELA: Você vai sozinho?

MIGUEL: Ninguém nunca vai sozinho, mãe… Mãe?

(*Pausa.*)

ESTELA: Uma vez enviaram uma cadela pro espaço. Sozinha. Uma
vira-lata russa que vivia nas ruas. Ela passou por um treino
pesado e aprendeu a enfrentar vibrações, alta pressão, falta
de gravidade. Tudo numa pequena cápsula. Ela ficava até
vinte dias confinada. Outros cães não deram conta do
treinamento. Laika foi a mais resistente. Então eles a colo-
caram no foguete e prenderam sensores no seu corpinho.
Fizeram até um traje espacial pra ela. Ela só tinha espaço
pra sentar e deitar. O foguete foi lançado. Os russos acom-
panhavam cada sinal. O coraçãozinho dela disparou, ela
entrou em estresse. Alguma coisa deu errado, a cápsula
esquentou demais. Mas Laika continuava viva e em pânico.
Algumas horas depois os russos deixaram de receber os
sinais vitais dela… Foram a público e disseram ao mundo
que estava tudo bem, que tudo havia sido um sucesso, e
que em alguns dias ela desceria de volta à Terra. Mas era
uma viagem só de ida. Havia oxigênio e comida só pra
dez dias. No décimo dia, a ração seria envenenada. Muita
gente acreditou no retorno de Laika. Então eles revelaram
que Laika não voltaria. Que fazia parte da missão a sua
morte após uma semana, sem traumas, de forma tranquila. Mas não foi assim. Ela morreu de calor e pânico. O
foguete deu milhares de voltas pela órbita da Terra com
o corpinho de Laika, e depois explodiu. Laika, a primeira
astronauta… Uivando para o infinito sem que ninguém
pudesse socorrê-la.

MIGUEL:	Eu não estou saindo do planeta, mãe. Eu não vou sumir. Eu vou te escrever sempre. E poderemos nos falar pela internet. E eu vou te enviar muitas fotos. E vídeos também. Vou fazer um vídeo de cada cidade. Eu vou comprar uma câmera. Uma câmera boa. Estou indo muito bem no espanhol. O professor disse que tenho ótima pronúncia. E inglês eu já falo bem, só preciso treinar um pouco. Se você entendesse que...
ESTELA:	Pode ir.
MIGUEL:	O quê?
ESTELA:	Pode ir, Miguel. Faça o que você quer. Vai lá e arruma suas coisas. Vai.
MIGUEL:	Calma, mãe, é no fim do ano...
ESTELA:	O seu pai foi um ser maravilhoso.
MIGUEL:	Por quê?
ESTELA:	Eu só o conheci durante uma noite. Uma única noite. E olha só... Quem sabe a gente se encontra na Índia, não é?
MIGUEL:	A gente se encontra antes disso...
ESTELA:	Tenho que te dar uma coisa! Uma coisa pra viagem.
MIGUEL:	Que coisa?
ESTELA:	Uma jaqueta do seu pai.
MIGUEL:	Que jaqueta?
ESTELA:	Uma jaqueta que ele me emprestou na noite em que nos conhecemos. Eu voltei com ela pra casa.
MIGUEL:	Você nunca me falou de jaqueta nenhuma.
ESTELA:	Eu ia te dar. Estava guardando pra quando você resolvesse ir embora... É uma jaqueta linda. Muito boa. Vai te servir muito. E acho que vai ficar ótima em você. Vai combinar com os seus olhos azuis.
MIGUEL:	Mãe, eu...
ESTELA:	Shhh.... Vem, vamos comer. Eu fiz bolo com calda!

(MIGUEL *sai e deixa* ESTELA *sozinha no centro. Ela tira uma carta do bolso e lê.*)

ESTELA:	"Mãe, desculpa. Demorei a dar notícias. Estou bem. A cidade é maravilhosa. Há praças e parques por todos os lados. As pessoas dormem na grama depois do almoço,

tomam mate e passeiam com seus cachorros. Há muitos, muitos cachorros. Tem um rio enorme que não se vê a outra margem. Mas a cidade parece viver de costas pra ele. Visitei um cemitério. É um ponto turístico. Parece estranho, mas é realmente lindo. É engraçado ver gente viva tirando fotos com túmulos. Já conheci muita gente. Tem um pessoal que está no mesmo albergue que eu, daqui a quinze dias eles irão para o norte até cruzar o Chile. Acho que vou com eles. Amanhã vamos à praia. Não é bem uma praia. Não tem areia, nem mar. Mas pra eles é como se fosse. Há muitos turistas, de todos os tipos, mas nem todos prestam atenção na cidade, preferem ficar dentro das lojas comprando tudo o que não precisam. Já eu, prefiro andar pelas ruas, de um jeito meio aleatório, com os olhos e os ouvidos bem abertos, até ficar cansado ou sentir fome. Às vezes eu paro para observar as pessoas e brinco de adivinhar quem elas são, de onde elas saíram, pra onde estão indo... E percebo que sim, estamos todos fazendo basicamente as mesmas coisas... O céu daqui é lindo, las estrellas parecen bailar. Está frio, a jaqueta está me salvando.

Por enquanto é isso. Logo te dou mais notícias. Com amor e saudade."

FIM.

Marcos Coletta é ator, dramaturgo e pesquisador teatral com graduação e mestrado em Teatro pela UFMG. Integrante fundador do grupo Quatroloscinco – Teatro do Comum; ator e dramaturgo parceiro no Mayombe Grupo de Teatro; improvisador convidado da Uma Companhia; coordenador do Centro de Pesquisa e Memória do Teatro do Galpão Cine Horto. Textos de sua autoria ou coautoria encenados: *É só Uma Formalidade* (2009), *A Pequenina América e Sua Avó $ifrada de Escrúpulos* (2010), *Outro Lado* (2011), *Humor* (2014) e *Anã Marrom* (2014).

Ao Persistirem os Sintomas

Éder Rodrigues

Personagens:
M
H
C

P

rontuário:

M: Mulher que passeou descalça pelos anos setenta, oitenta e noventa. Fez um buraco no chão deste século onde arremessa uma corda tentando convencer Alice a subir até a superfície. *Sintomas: Batimentos acelerados a levemente dormentes. Pupilas dilatadas. A utopia entrevada na altura do peito.*

H: Homem que arruma metodicamente alguns objetos dentro de uma mala de viagem. Marcou um encontro com Deus, talvez por isso queira levar alguns passatempos, caso a conversa não renda. Só não se lembra do horário. *Sintomas: Sentido alterado, pulso entrecortado, a infância entalando na garganta e os poros levemente sedentos por uma sensação de bem-estar que só os doces açucaram.*

C: Corpo andrógino de uma referência que não importa. Olhos entregues, a cara borrada, o corpo destituído de maiores detalhes. Instantaneamente reluzente ao toque. Só lhe interessa um último abraço onde possa coçar inúmeras

64   ao persistirem os sintomas

nucas. Sintomas: *Pressão arterial desorientada, arrepio em toda parte e a pele sensível a um gozo desregulado a qualquer instante.*

Mecanismos de Ação

Uma roleta de comprimidos cria espaços de intersecções entre os efeitos de cada um. As intermediações colaterais criam ilusões de preenchimento, instantaneamente descompassadas por longos períodos de solidão anestesiados com doses avulsas, Alice que nunca sobe, a onipresente ausência de deus e uma orgia projetada só nas paredes da vontade.

Uma bandeja de comprimidos de variados tamanhos, cores e sugestões é ofertada ao público que opta pela pílula que mais lhe agrada e o melhor líquido para a sua ingestão: água, suco de maracujá ou vodca. Música com traços psicodélicos, constantemente entrecortada por outras de naturezas diversas e silêncios abruptos. Sonoridades que remetem a épocas distintas misturadas numa mesma pista, copo ou corpo também surgem como se fizessem parte de um número de DJ's. Um Termo de Descompromisso é entregue a cada um dos presentes com um espaço em branco para a assinatura se responsabilizando pelo que vai engolir. Após a ingestão, uma voz com efeitos de locução remixados se sobrepõe à música. A imagem de uma montanha de comprimidos é projetada no chão, junto com os dizeres deste termo que vão sendo escritos sobre a imagem como se fosse uma bula de advertência.

Termo de Descompromisso

Atesto a ciência dos efeitos, aos quais estou terminantemente vulnerável, e, caso as contraindicações alterem meu sentido, responsabilizo-me por substituir a dosagem ou o jeito de me comprimir, alterando a água, o maracujá ou a vodca. Na ausência dos efeitos tomarei mais de um comprimido e misturarei todos os líquidos, tomando cuidado para não confundir qualquer montinho de açúcar no canto da mesa com uma carreira de sentimento. O único compromisso é o de sentir todas as reações adversas e de manter a serotonina ao alcance da criança que já envelheceu por dentro e só dorme, acorda, chora ou trepa com pelo menos um quartinho descendo pela garganta. Seja lá como for, sendo a alma grandiosa ou pequena, só vale a pena o que não tem sentido, além de um pequeno intervalo entre uma dose e outra para espiar nossa mania de entendimento boiando como um cardume de anzóis. Há quanto tempo você vive prometendo um momento mais íntimo com você? É agora, então. Coloque aquele sentimento antigo de voar numa cápsula, ponha uma música de fundo (menos Raul) e engula. Se quiser efeito imediato, amasse a pílula com o dedo e ponha debaixo da língua.

éder rodrigues

Composição

0,5 miligramas do que deu pra sentir até agora, 0,15 milágrimas de amnésia excipiente, 0,54 filigramas de tudo que você sempre quis fazer e ainda não fez e o resto você completa com farinha, figurinha de chiclete, bicarbonato ou tudo isso acrescido de guaraná em pó. O quê? Não vai tomar? (Silêncio.) Já era.

(Fim da projeção.)

A música é colocada no último e se ilumina a área central onde se contorna o frenético "espaço dos efeitos plurilaterais". Três corpos alterados de formas distintas aparecem iluminados. O primeiro deles enrola uma corda de forma pausada. O segundo guarda alguns objetos numa mala de viagem. O terceiro se maquia usando o teto de espelho. Efeito de luzes no centro onde surge projetada uma roleta de comprimidos que, não sendo russa nem nada, imita um desses programas de fim de noite. Os três se dirigem até a roleta que é acionada imediatamente. Música alta. Quando a roleta para, cada um deles se prepara para tomar o comprimido indicado. A luz apaga e a roleta some. A luz acende apenas no rosto de cada um no exato momento em que colocam a pílula na boca e engolem. (Escuro.)

Efeito Único Dividido em Algumas Faixas, Vários Sintomas e o Coração Acelerado na Velocidade de um Videoclipe

VOZ DE LOCUÇÃO COM EFEITOS DE VINHETA DE ABERTURA: Desinformações ao paciente, ao som de qualquer canção que lembre o Studio 54. (*A música entra.*) Pupilas dilatadas, corpo arremessado de si e a garganta seca para virar o mundo de uma vez e tomar de guti-guti. O pior invento do mundo foi a invenção dos freios. Então fecha os olhos porque não vai ter nenhuma cena brilhante nem a utilização mimética dos freios. Ansiedade ultracompulsiva para sentir seja lá o que for. Isso, respira. Res-pira. Já notou que no ápice do gozo a gente sempre fecha os olhos pra tentar fotografar

66 ao persistirem os sintomas

o êxtase no escuro? Calma, não vai gozar agora. Se estiver de estômago vazio é melhor sentar. Espera mais um pouco. Ainda não deu tempo de fazer efeito. Ou deu? Dez, nove, oito, sete, seis, cinco, quatro, três, dois, um. (*A música cessa.*)

(*Luz em* M.*, que abre a estrutura de uma tampa instalada no chão.*)

M: Alice? Alice? Já pode subir, não tem mais ninguém aqui. (*Lança a corda no buraco.*) Está aí a corda que eu prometi. Agora é só subir. Alice? Eu vou te dar mais três minutos pra subir imediatamente, senão eu, eu, eu? (*Acende um isqueiro.*)

(*Luz apaga em* M. *e acende em* H.*, que acende um cigarro enquanto termina de conferir alguns objetos organizados dentro de uma mala.*)

H: "Aqui". Aqui é uma coisa estranha de dizer. "Aqui". Parece que quando a gente pontua o aqui, é porque ele já ficou lá. Engraçado essa coisa de lugar, em como as coisas vão mudando a rota sem sair do ponto fixo que a ilusão movimenta. (*Conferindo.*) Vodca, agenda de telefones, fotografia, pendrive, está faltando alguma coisa. Ah, lembrei: doce. Está faltando o doce. Se a gente esquece onde deixa as coisas, por que as coisas se lembrariam onde fica a gente? Engraçado, eu achava que só conseguia lembrar das coisas de vez em quando. "De vez em quando" é o contrário mais crível de sempre. Algumas palavras existem para significar justamente que uma coisa não existe. "Sempre", por exemplo, olha como perde o sentido se você ficar repetindo: sempre sempre sempre sempre sempre sempre. Dá uma ansiedade essa coisa de sempre, não é?

(*Despeja água num copo bem devagar. Apaga a luz de um abajur. Luz acende em* C.*, que tem o olhar fixo no horizonte. Coloca três comprimidos de uma vez na boca. Engole sem água. Sente-se instantaneamente alegre. Deita-se no chão para esperar o efeito.*)

C: Eu fico tentando entender porque é mais fácil guardar o prazer no bolso e estampar essa cara séria que todo mundo confunde com algo confiável. Eu mesmo guardei as minhas sensações na caixa de meias e toda sexta eu fecho os olhos, ponho a mão lá dentro e sorteio uma.

Mas ela simplesmente não encaixa, não me serve mais. Deve ser isso que entedia tanto: a gente experimentar as sensações no pé e ver que o pé cresceu e ficou maior que o número. A gente tem algumas alternativas e roteiros já trilhados. Um mapa do "garganta profunda" sem itinerário certo e uma canção do Cazuza pra usar, caso tudo pareça muito casual. Mas vamos direto ao ponto. Passamos o século xx inteirinho decorando o que temos que fazer, não tem como errar. Ou tem? O chão já está forrado. Quer uma música? Janis Joplin, Jimi Hendrix, Liza Minnelli, Sandra de Sá ou algo mais subversivo? Uma voz qualquer no ouvido então, enquanto comemoramos o amor livre cerrando a janela pra ninguém ver a gente pelado.

(*Escuro. A música aumenta. As luzes acendem nos três.* H. *traz nas mãos um pacotinho com balas de goma.* C. *troca de roupa deitada no chão.* M. *está com a cabeça dentro do buraco. A solidão de cada um cria efeitos de multidão.*)

M (*tirando a cabeça de dentro do buraco*): Faz cócega na garganta, mas até agora nada.

C: Nada?

H: Tem certeza?

M: Alice?

C: Quer mais alguma coisa para contrabalancear a falta de efeito?

M: Acho que já estou vazia o suficiente.

H: Uma música de fundo?

M: Um *pot-pourri* talvez. Sei lá, mistura tudo que você encontrar pela sala, pega aquelas clássicas, mas coloca no meio também algumas bem nada a ver. Uma versão remix de uma baladinha de fim de século com umas doses a mais de piano, guitarra e violoncelo. Eu sempre quis dormir no colo de um violoncelo. Vocês não? Só não coloca nada de bossa nem de samba. O meu pé anda liso demais e bossa, sei lá, não combina.

(*Escuro. Faixa de uma versão remixada de canções que passeiam pelos anos setenta, oitenta e noventa. Luz novamente em* M., *que surge alterada por causa do silêncio do buraco.*)

M: Tá bom, Alice, eu conto um segredo. Mas só um. Aumenta o volume. Um dia, sem mais nem menos, este botãozinho de liga e desliga que a gente amoita em algum lugar do corpo vai ser acionado. Deus ou sei lá o que não vai fazer qualquer cerimônia. Às vezes ele aperta o botãozinho por descuido, distração. Outras por birra, comoção, ou então porque ficou viciado em videogame, nunca se sabe. Coisas do "além", diria sua avó. Vó é uma coisa estranha, não é? A gente sempre olha pra ela como se tentasse encaixá-la no tempo presente. Não só o rosto na moldura, mas também o jeito insistente dela em dar bença como se fossemos uma criança que está preparando a boca para dar o primeiro selinho. A sua, Alice, achou que o botãozinho dela não ia desligar. Alice, você está ouvindo? Que barulhos são esses? Helicóptero? Sons de helicóptero. Eu tinha certeza que eles ajudariam no seu resgate. Sobe logo, menina, não é todo dia que o quintal amanhece pink e o Floyd toma banho no seu banheiro chamando de Édipo todos os seus ursinhos de pelúcia. Tá bom, eu falo sobre sua avó. Eu juro, Alice, que fiz de tudo pra ela colocar salto alto, uma saia que fosse, pelo menos até o joelho, e um batom pra disfarçar. Mas ela não quis porque dizia que para pisar na lua bastava estar descalça e de camisola. Coisa de quem usa chapéu, você diria. Coisa de doido é a gente fazer de conta que o botãozinho não vai desligar. É passar a porra da vida medindo os costumes pra se conformar, para não sair fora dos eixos. Entrar para o coral e ir em todos os ensaios até estar com os agudos e graves muito bem decorados. Por falar nisso, você decorou a música para cantar no natal? Escreveu a despedida para declamar na formatura? Escolheu o par de roupas com que vai concorrer à "rainha da primavera"? Tem que vender a rifa senão nada de ganhar a faixa. Desde pequeno que a gente vai decorando uma série de formas e circunstâncias para ser e estar. Eu também fiz isso, Alice, não precisa ter vergonha. Eu também vesti aquele vestidinho de anjo e coroei a santa conforme manda o figurino. Também participei do coral, ganhei dois diplomas de "honra ao mérito", fiz curso de datilografia e comecei com o "a s d f d". Ainda ajudei na igreja mesmo achando ridículos todos, *todos* os temas da Campanha da Fraternidade. Lembra quando você me perguntou o que era Fraternidade e eu simplesmente continuei com o meu cigarro? Aliás, tem umas palavras que vivem tentando existir, mas é difícil descer pela goela. Fraternidade, me explica o que é isso? Mas tenta uma explicação plausível, algo que dê para mastigar depois sem utilizar o velho recurso da parábola. Fraternidade é doar as blusas velhas no mês de junho enquanto se cobre o pescoço com fartura de lã? Explica, vai, porque, se eu entender, juro que faço um esforço para bolar um tema bem interessante para o ano que vem. Alice, eu ensaiei conforme o figurino manda. E talvez foi esse o erro, porque não é o figurino que manda, é o diretor. Essa coisa de teatro me enche o saco. Não estou dizendo só como espectadora de mim mesma. Eu só fiz teatro porque na época não havia outra coisa para se fazer. Sim, eu matava aula pra ficar ensaiando uns papeizinhos de segunda. Mas quando chega o dia da apresentação vai a família, os parentes e, sei lá, deve ser bonito ter o filho em cima do palco fazendo o papel da grama num auto de Natal. E o pior, tempo vai, tempo volta e quem diria: a plateia continua quase a mesma. A família, os amigos, os amigos de teatro principalmente, os convidados, uma meia dúzia de gatos pingados e é isso. No começo ninguém gostava, lembra? Depois todo mundo acostumou. Tanto que eu te levei para fazer teatro. Você já se esqueceu? Todo dia você chegava puta da vida porque não aguentava mais fazer o exercício da sementinha e eu inventava que era assim que a Fernanda começou, fazendo sementinha. E que o teatro, afinal de contas, não deve ser levado muito a sério como se fosse um fim. E nisso foram os anos sessenta dando adeus, girando o corpo numa discoteca, imitando a Sônia Braga, e olha que ela ainda nem tinha feito o papel da aranha. A gente vai passando pelos anos e eles vão ficando confusos dentro da gente. A minha garganta está seca... e a sua, Alice? Quer um copo d'água pra rebater?

c:

70   ao persistirem os sintomas

H: Algo mais *underground*. Vinho de garrafão?
M: Vinho de garrafão é uma boa. Deixa tudo em formato de
vírgula. Eu adoro pôr vírgula nas coisas, vírgula na casa,
no banheiro, vírgula nos olhos, criei até um email assim
",,,,,@,,,". Antes de morrer todo mundo já ficou mais
ou menos assim, com o formato de vírgula. Eu não certi-
fico uma pilha do que a memória é capaz de lembrar, até
porque eu tenho certeza que a lembrança é uma franca
opressão consciente do que queremos que fica. Alice, seja
sincera, você se lembra de mim? Do formato da minha
boca? Da quentura do meu colo? Da tremura das minhas
pernas quando ligo pra você e dá caixa postal? Anos setenta,
oitenta são como roupas encardidas esperando o dia de
lavar. Eu posso até dizer como passeava por aí, mas não
espere que eu fale nada de torturas. Precisamos primeiro
apurar as mentiras, para depois desvendar as verdades.
Ou você quer me contar alguma coisa, algum detalhe que
eu não saiba? Se quiser falar, manda como nota para a
imprensa, e não fala nada diretamente, senão vai violar
a democracia desse país que ainda veste anáguas, você
acredita? Calma, eu não falo com aquele instinto revolucio-
nário de antes. Revolução é algo ultrapassado, Alice, rima
com cabelo grande, maconha, bicho grilo, joão tambor,
e, convenhamos, depois dos trinta a gente sabe que é só
uma fase. Faz sentido, eu sei que faz, que fez, eu mesma
estive por aí, fui do centro acadêmico, joguei sinuca com
os estudantes, viajei pra baixo e pra cima, dormi em bar-
racas nos fóruns com uma faixa social amarrada na testa,
mas até hoje não consegui entender uma diretriz desses
congressos. A vida bem que podia ser dividida em tópicos, não é, Alice? Pura convenção, eu sei, mas o que não é?
Deve ter sempre mais de vinte e uma diretrizes, quarenta
e sete objetivos específicos e uma maquete dos planos
de meta, geralmente com imagens coloridas e efeitos de
transição de uma tela para outra. Coffee Break para açuca-
rar o estômago de quem nunca comeu, além de ter como
justificar as diárias, é claro. Um discurso bonito falando

sobre a cartilha que temos de compartilhar os problemas do mundo e a gente lá, soprando a revolução pra ela não perder espaço para aquela vontade insustentável de fazer um concurso para o Banco do Brasil. Que roupa eu usava quando as minhas pararam de servir? Não dá pra medir quando tudo vai deixando de ser, quando as cores do mundo vão perdendo a atenção da gente e nem Almodóvar nos tira da função piloto-automático, remoto-controle. De uma hora pra outra, há um manual de coisas a seguir e a gente inexplicavelmente segue: não mijar na tampa do banheiro, rubricar ao invés de assinar papéis importantes, ir no cartório e pagar R$ 5,14 para ele, o cartório, dizer que "sim, você é você mesmo" e depois autenticar essa declaração numa folha de papel. E ainda ouvir todos os seus amigos dizerem que "a luta continua, a miséria do lado de lá pode ser curada com livros, autoajuda e homeopatia", enquanto o seu maior desejo continua sendo uma caixa de lápis de trinta e seis cores e um estojo com aquele botãozinho que faz o apontador subir. Eu passei pelos setenta e ainda guardo aquele meu desejo de ter um filho. Sim, eu não fiz um filho, Alice, embora eu tenha costurado ele nos braços quando o abraço começou a faltar. Eu escolhi um nome, "Alice", mas eu não fiz porque eu não tive tempo. Eu tinha medo de me acostumar com ele por dentro e depois de nove meses ter de cuspi-lo de uma vez. Eu não fiz um filho porque começamos a nos desencontrar, lembra? Alice, você que lembra de tudo, já deve então ter percebido que chega um momento na vida que começa a ter mais desencontros do que encontros. Fazer a lista do supermercado começa a soar menos perigoso que juntar os ingredientes para ver se a paixão ainda arreganha pra você na mesa como se fosse sobremesa. E o que fica? Só um gostinho de hortelã na boca, de quando o beijo variava de acordo com a bala e era bom acreditar no recadinho que vinha escrito dentro dela. Mas depois vêm as convenções e a gente está "universitariamente" preparado para fugir delas. Só que logo você vai vendo que seus professores

72   ao persistirem os sintomas

também não conseguiram fugir das regras, que largaram os sonhos na esquina para preencher diários de classe, que os seus amigos de escoteiro nunca mais acamparam, que seus pais não dão uma boa trepada há bastante tempo, que seus amigos do teatro abriram uma ONG e que a Elza Soares só canta o hino nacional quando os vinte centímetros do Garrincha fazem cócegas no nosso instinto de goleiro. O marco maior de nossas vidas é aquele momento em que se decide ir ao médico para pedir uma receita de óculos para vista cansada. Depois dos trinta a gente sabe que não vai dar tempo, que as coisas estão passando, que algumas pessoas que tomavam guaraná com você de canudinho também já se foram, que os pais começam a olhar pra você como se se despedissem e você tem vergonha de dizer que não sabe se despedir, só abandonar. Depois você faz sessenta, e não demora muito. É num piscar de ventre. E fazer sessenta é como fazer 30 de novo, só que com menos tempo, com menos endereço pra enviar uma carta, com os sonhos enrugados na cara, a olheira funda de tanto não dormir e aquela vontade de ver o filho crescendo como um câncer dentro de uma lembrança que nenhuma daquelas luzinhas dos anos noventa conseguiu enganar. Alice, quer que eu cante uma música para não parecer tão egoísta? Vou cantar baixinho que é para não acordar as crianças. Se doer você soluça, que eu preparo um gole de água com açúcar e deixo na cômoda para depois que você sair. (*Começa a cantar baixinho uma música dos Beatles. Luz apaga. Acende em* H.)

VOZ (*como se anunciasse a mudança de faixa*): Ao som de Beethoven, versão remixada.

H: Sei lá ou lá sei eu o que deve ser esse suor nas mãos quando não sei direito qual é o ponto fixo que fica me espiando. Se eu já me levantei e arrumei a cama, fico sem motivo. Ah, já sei, vou pegar a tesoura e continuar a minha obra de arte. Eu estou um pouco lento porque andei lendo muita filosofia contemporânea, essa coisa líquida de escorrer pelos dedos, de enfiar a mão pelo ralo do banheiro e construir uma poética pseudoideologista sobre a sujeira que fica. Eu não sou maníaco por limpeza, eu respeito a sujeira das coisas porque o reflexo delas faz com que eu me sinta mais limpo do que elas. Mas eu entendi muito bem o recado, estamos sedentos de pressa, não é isso? Que coisa mais idiota pontuar isso. Como se ninguém soubesse. A gente é repetitivo, não é? As mesmas coisas, as mesmas questões, e olha que eu decorei como se resolve tudo: Delta é igual a b dois menos 4 vezes a c. Ah, desculpa, desandei a pegar a tesoura sem me apresentar. Vamos tentar de um jeito não convencional. É assim que costuma se fazer em noites como essa. Eu tenho mais de trinta, faço a barba quando quero foder, faço bicos bem convencionais para juntar uma grana, tenho a coleção completa do Los Hermanos mas não escuto, ainda assisto *Caverna do Dragão* e gosto dos programas ruins de televisão. Eu poderia até ficar mais tempo me apresentando, mas essa coisa de intimidade é foda. Você vai ficar me olhando cortar a cortina de uma forma artística. Fragmentar as coisas é moda e já que eu marquei um encontro com deus, esse mesmo que você fica esperando de joelhos, por que não me dobraria? Não precisa me dizer o motivo do porquê você fica de joelhos, não interessa nada que venha de você. Deus marcou comigo, mas eu vou chegar atrasado um pouco, porque tirei o retrato da estante e vou enterrá-lo no mesmo ponto crucificado onde você ficou parado, fixo, com as mãos no peito como se dançasse numa daquelas boates dos anos oitenta, tentando adivinhar quem é que guarda no bolso um pedacinho de felicidade. Acho que estão batendo na porta, não deve ser deus porque é cedo e eu marquei com ele lá em cima, pra gente ficar mais à vontade e também por causa da bagunça. Bagunça, bagunça, bagunça, olha só como depois da terceira vez perde o sentido e o redor vai ficando arrumado. Muito prazer em desconhecê-los. (*Dá as mãos para apertar, e caem algumas cápsulas.*)

(*Música cessa. Luz apaga e acende em* c. *Está completamente alterada.*)

voz (*como se anunciasse a mudança de faixa*): Ao som de música eletrônica, versão light.

M: Um ou dois?

C: Dois e meio;

H: Com água?

C: Mistura um pouco água com vodca e agita.

M: Com roupa ou sem?

H: Sem. Senão fica sem graça brincar de existir.

M: Mas eu não estou brincando.

H: Ninguém está.

C (*terminando de se vestir*): Forra o chão com aquela parafernália de acúmulos que a gente chama de entendimento, faz uma declaração de amor para essa turminha inútil dos poetas não ficar sem graça, engrossa o termo para a tremura não aparecer no olho. E aí? Já gozou? Tenho algumas técnicas: segura o ar da barriga e solta de uma vez. Não precisa pensar em mim, meu bem, isso é passado, não dá certo. Tem de imaginar antes, construir um álbum na sua cabeça de algumas feições básicas, clássicas, mescladas com o que há de mais estranho dessa nossa superfície. O cine-privê era o pornô gratuito das noites de sextas e pra gozar só bastava fazer uma boceta apertada com a mão e imaginar de um lado a Xuxa, a Cheetara, a Angélica, a Cláudia Ohana, as paquitas, a Ana Paula Padrão, e, do outro, o Reginaldo Faria, o Victor Vagner, o Luis Ricardo e todos eles tocando uns aos outros como uma peça de dominó cantando "manequim, ninguém dá bola pra mim". E aí, gozou? Disfarça a saudade do colo com um palavrão capaz de transformar qualquer cenário abençoado ou romântico em um *making of* de Cleópatra ou de Alexandre, o grande. Projeta na parede e entra depois na projeção. É um efeito recorrente e dá uma aparência contemporânea pra qualquer coisa. Quem usa sempre faz pose pra dizer que é da "era performática" e gaba-se por ter um aparelhinho que desenha na parede, no corpo, no chão, no teto, no céu. Então, se você achar que está dentro dessa é bem simples: projeta uma orgia, dessas que você espia rapidamente e exclui do histórico logo depois. Daí você entra dentro dela com o pinto duro, a boceta molhada, o sentimento seco de tanto tesão e fica lá colecionando o maior número de "ais" que teu ouvido conseguir. Há quanto tempo você não ouve falsetes tão sinceros, não é mesmo? A gente tem se superado, subvertido os gêneros, trepado com uma imensidão de corpos sem dar tempo de nenhum deles ensinar como desliga o projetor de mídias. Até porque a lâmpada dele é frágil e dura pouco e quando a orgia desaparece na parede, a solidão se veste de tela azul e exige outro comprimido para dar aquela sensação de que é a mão de outro que vai apagar a luz.

VOZ: Alívio nas pernas, dor de cabeça. Regulação da pressão sanguínea para se ter aquela sensação do ar entrando e saindo sem obstruções, ardência nos olhos, inchaço nas juntas, ferida na boca, peito congestionado, nariz entupido, sopro no coração, sensação de desconforto, peso nas costas, dor no osso, dormência no pé, vista cansada, pânico de estar sozinho e/ou acompanhado, medo de ter medo, dor na nuca, febre intensa, sexo dolorido, formigamento na coxa, pescoço endurecido, alergia de mês de junho, tosse corriqueira, coriza, a sensação de um pingo de colírio no embaçado da alma, fobia de telefone, mania de teclas, sentimentos platônicos por perfis flutuantes, depressão pós-gozo, internite aguda, mania de escrever sem pôr o pingo nos is, nervura ascética, pensamento esvaziado, a aplicação tópica é indicada em situações de infantite crônica, alergias do próprio abraço se espalhando pelo pescoço, ações destrutivas, pôster de um sorriso na parede, o verniz da civilidade, substratos, cicatriz. E quando curar dói mais do que deixar doer? Ao som de "We are the World" instrumental.

M: Alice, para de fazer arte e sobe. Eu não tinha essas mãos de hoje, mas pior que não reconhecer as mãos, é não conhecer o toque. O meu corpo é essa rádio cheia de estações que vai mudando segundo a frequência e só se reconhece enquanto corpo, quando sintoniza no AM, com aquele chiado típico. Essa coisa de existir vai deixando esse chiado. Não tem nada a ver com memória, esquecimento, só esse chiado, porque a gente não consegue ultrapassar este chiado com algo mais importante. Aos quarenta, o corpo desobedece, não tem tanto impulso, o brilho some e só volta com cremes de frutas. Você olha as crianças brincando na rua ou indo pra escola com uma inveja e se você não teve ainda um filho como eu, vai ficar martelando que droga você usou quando todos os seus amigos faziam filhos e você continuava alheia. Ao menos hoje eles têm companhia, alguém para fazer mingau. E você não, porque achava que tinha que revolucionar os meios, os fins, tinha que ser veado, budista, praticar *bareback*, ser fã do Leminski, ir no Rock in Rio, furar o sistema nem que seja com um alfinete de fralda. Põe uma música dos festivais. (*Mudança de faixa.*) Enquanto eu amava trevos de quatro folhas, os meus amigos pegavam empréstimo, faziam administração, achavam o domingo fantástico e levavam as crianças no parque para empipocar os macacos. Acreditar no quê? Na polícia? No Estado? Na universidade? No sistema de saúde? Na metamorfose ambulante? Na queda da inflação? No outro? No capital de giro? Se até ele gira, o que será da minha derretida manteiga? Ainda exportamos pensamento de fora e pagamos com a bunda em Copacabana. Da tropicália sobrou um suquinho ácido de cada uma das frutas que não couberam na cabeça da Carmem, só que ninguém tomou de verdade. Nem eu, que odiava o Roberto Carlos, não quis ser paquita, mas com um baseado caprichado eu resolvia o que até hoje é a equação de todas as campanhas. É simples. Já me chamaram de reacionária, e para esses que me chamaram e que também não moveram uma palha pra ver se realmente há alguma agulha no palheiro, eu tenho uma cartela de sugestões. Coisas simples, olha que interessante: pinta o céu de preto e o inferno de azul, assina como Dali e começa a espalhar que o salvador não morreu de braços abertos e que depois de mortos, continuaremos mortos. Tem mais: no lugar de cada igreja, um teatro, os artistas entrando em cartaz com suas livres versões sobre o mundo. Nada mais desejável, não é? E o melhor: sem precisar passar seis meses fazendo um projeto de lei. Cultura nesse país é caridade, Alice. Outra palavra difícil de engolir. Mas essa eu sei o que significa. Significa morrer de fome por uma causa que é nobre só no seu coração. Ou você acha que alguém está preocupado em desenvolver o lado sensível do mundo? Ou você acha que algum projeto de lei aprovaria o projeto da Hilda Hilst de escrever um caderno rosa contando as aventuras de Lory Lamby extremamente consternada com o cu do sapo Liu Liu? Ou aprovariam o projeto do Guimarães para escrever uma bíblia mostrando como o sertão é do tamanho do mundo e como o sentimento de um homem por outro às vezes cristaliza na horta e se traveste de espantalho? Cultura, só Macabéa chegou perto de entender. Aliás, na próxima eleição voto nela. Macabéa para presidente. Eu sempre tive a melhor solução para tudo, Alice, mas nunca me levaram a sério. Preferiram pagar os tributos e estourar o cheque especial. Põe uma música de aventura. (*Mudança de faixa.*) O revólver é de brinquedo, mas os bancos, não. É só fazer a conta. Todo mundo assaltando os bancos de uma vez só. Imagina todos os caixas eletrônicos explodindo em quinze minutos, como os fogos da orla no Ano Novo, e depois uma chuva de reais, dólares, pesos, menos euro. Não é simples? Aí é só todo mundo caprichar num sopro coletivo pra grana cair no berço de nossos ancestrais que faz tempo que pagam com a fome, o caviar que a gente come com colherzinha de sobremesa. Alice, você está achando tudo muito violento? Não se preocupa, já fizeram isso antes, estou plagiando, mas colocando uma óptica própria. Lembra? Já explodiram tudo isso e deram o título de "guerra mundial". Eu achei o título muito abrangente, mas depois teve o "guerra mundial II, a revanche", falta agora fechar a trilogia. Eu só quero algo mais específico. Não quero explodir as torres gêmeas, embora seja impossível não admitir que todo mundo já tivesse feito aquilo no videogame. Vem, Alice, se quiser deixo você catar umas moedas pra gente brincar de cara ou coroa, mas vem logo,

78 ao persistirem os sintomas

pois temos de entrar juntas no banco. Não se preocupa,
se der errado a gente alega legítima defesa. Nunca vão
conseguir provar o contrário. Música de assalto de banco,
mas põe logo que o corpo está indo antes de mim.

(*Música Halleluyah. Projeção de vários prédios símbolos institucionais do mundo explodindo. Os três colocam capuz e, com armas de brinquedo, entram dentro da projeção.
A imagem de um caixa eletrônico surge junto com a do desenho do "papa léguas". Os
três espalham dinamites. Há a explosão dos caixas eletrônicos seguida de uma chuva
de notas caindo no mapa da África.*

Fim da projeção. Luz em H., *que atravessa o espaço com a mala até subir em uma
pequena estrutura e surgir no alto.*)

VOZ: Ao som de Kenny G.

H: Acho que não esqueci de nada. Antes de sair, fui consultar
o oráculo contemporâneo mais procurado depois das ciga-
nas: o mestre dos magos. Mas ele não apareceu. Só aquela
imagem de roda-gigante. Quem é que nos garante que
esse céu não é só um edredom mal lavado que nos deixa
quentinho e sem coragem de perguntar o que devia ser
perguntado? Tá bom, eu pergunto enquanto deus não
chega. Será que é aqui mesmo que a gente tinha marcado?
Eu trouxe o doce pra dividir em quatro. Estou pra ir nesse
encontro desde que fiz catecismo. Catecismo ainda existe?
Eu só não sabia direito o que levar, além do doce. Não sei
quantos dias vamos ficar juntos. Pode ficar tranquilo, não
é um suicídio, não vou pular desse prédio. Creio que seja
melhor tirar algumas coisas e deixar só o necessário. Estou
indo com esta roupa leve, sem muitos exageros. Sem nada
no bolso a não ser um número de telefone e um endereço. Não o meu, nem de ninguém que conheço. Para
encontros assim, a mala fica aberta dias, esperando a lembrança de um pormenor que a gente sempre acha que
não fará diferença. Mas faz. O que mesmo devo levar? Não
sei direito. Só o elementar. O básico para uns dias sem
muito conforto: uma tolha de rosto, uma fotografia antiga,
um pedaço de canção que não sei de cor, algumas cuecas,
chinelos de dedo, nenhum agasalho, *gritos e sussurros* e os

outros dois da trilogia do silêncio. Tem lugar sobrando ainda e talvez eu me lembre de alguma coisa depois. Talvez me lembre só no caminho ou até esqueça o mais importante para um encontro dessa proporção. Pena que a gente não combinou direito. Eu devia ter ligado avisando que ia, mas fiquei com medo de não ouvir que ele me esperava. Também não sei o que discar numa hora dessas. Teclo todos os números quando acho que vou dormir e nenhuma palavra santa me vem ao ouvido. Também não quero nada de sagrado desse nosso encontro. Ele sabe disso. Um final de semana talvez. Deus, deus, tenho tanta coisa pra te contar. Sei que já falo desde sempre, mas você nunca me disse o que acha de tudo isso. Agora vou para te ouvir. Porque já cansei de falar. Já não rezo as orações que aprendi quando menino e que hoje não cirandam nesse meu catecismo que arremato de joelho, próximo ao abajur e à solidão que acende junto com ele. Quero te ouvir apenas. Enxugar a memória costurada com linhas tão frouxas. Está vendo, já me lembrei de outra coisa: uma agulha. Tanta coisa para costurar e eu preocupado com nomes. Com o inominável do que vou sentir na hora. A gente sente antes de saber que sente? Ou pensa que vai sentir, para sentir depois? Talvez eu volte pelos trilhos, sozinho, pela estrada férrea dessas minhas discórdias. Estou levando filmes acaso chova. Quero te mostrar o que fizeram com as angústias que nos fartam o peito. Dessas coisas que escapam. Desses desejos que sujam. Dessas paixões que nunca dão pé. Até sonhei com você chorando, e se isso acontecer de fato, pode chorar tranquilamente porque eu te perdoo. A toalha é para esses momentos de intimidade, saudade e outras cápsulas. Você deve gostar de filmes épicos, mas tenho certeza que assiste a comédias românticas no fim da madrugada. E pode ficar tranquilo. Não levo aqueles comprimidos. Não quero, nem preciso dormir nessa andança toda. Quero os detalhes de tudo. Só peço para se lembrar de que nunca se tira um doce de uma criança. Se alguém me ligar, deixarei recado que fui e volto logo. Porque eu voltarei, ou não? Preciso saber por que não estou colocando nada de comer, nada de perecível na mala. A gente come pelo caminho. Não sou adepto de calendários, mas se for o tempo do carnaval, a gente pode vestir uma fantasia e sair num bloco de sua escolha. Estou levando os chinelos de dedo para não formar calos. Quero que me leve em lugares onde possa me sentir pequeno, cabível no morno de um abraço e só. Serve o mar, mas se souber de outro, o mar é muito batido. Só aviso que não estou levando nenhuma blusa. Cansei de me proteger. Só coloquei as luvas. Quero apertar tuas mãos calçado. Tenho uma catástrofe na palma quando sinto o coração pulsar nela. Teu coração bate mais forte em momentos de encontro ou de despedida? Porque teremos os dois. Não poderemos viver juntos. Ninguém pode. Só os retratos ficam juntos no canto da estante. Estante ainda existe? Abri uma exceção, e estou levando uma garrafa de vodca. Daquelas baratas, é claro, porque são as únicas que surpreendem e ando me surpreendendo tão pouco. Faremos um drinque e beberemos vodca enquanto o Sol amanhece em algum lugar e a Lua espia os amantes em algum outro. Vodca porque, ainda sem te conhecer, quero vê-lo um pouco ébrio, dizendo palavras sinceras, diferentes dessas que dizem por ti. Aliás, se a *Bíblia* fosse escrita hoje, além de Paulo Coelho, quem mais seria chamado? Deus, me desculpe segredar coisas desse tipo, mas levo vodca para sentir teu bafo no dia seguinte. Tua ressaca deve ser uma aventura inusitada de se ver com os olhos semigrudados e o fel impedindo a palavra rasteira que alegra. Se você quiser, nessa hora ponho a trilha sonora dos *Changeman*. (*Mudança de faixa.*) Você dorme? Te vejo dormindo às vezes, cansado, andando de um lado para outro, assim como todo mundo. Como é o nome daquele menino de bigode que andou espalhando por aí que você morreu? Pode ficar tranquilo, ninguém acreditou. Faltou a materialidade. O corpo. Se não derretesse no caminho, levaria sorvete. Você precisa provar os novos sabores. Os artificiais então, nem se fala. Devo confessar desde já que te imagino sempre plantando morangos, as mãos sujas de terra, não sei por quê. É no interior onde você mora? Porque se for, levarei bandeirinha de folha de mamona, coisas de infância, para gente marcar o campo e brincar um pouco. Ainda faço cirandas com minhas verdades. Como mulheres de dez em dez dias e quando estou duro dentro delas eu imagino que sou o cavalo de fogo voando para o reino de Darsham. Tenho saudade do que eu era. Você ainda se lembra de quando era criança? Tem alguma marca de tombo de bicicleta? Só amo quem ladrilha pelos olhos e me chama de menino no intervalo das noites. Aliás, até hoje ainda não entendo por que se permite que a gente ame tanto outra pessoa. Será que é pra compensar nossa própria insuficiência? Estou tão cansado de fingir que não estou sozinho. Tem espelho onde moras ou devo levar um pedaço do meu quebrado? Sim, porque minha barba vai crescer e não suporto a coceira dos dias, da rotina, dos pelos, da morte. É claro que estou bem. Decorei uma canção de cabaré que sempre canto nas horas de silêncio e morte. Quem cantava era uma puta triste que me arrancou o cabaço. Quando ela morreu, eu bati duas punhetas seguidas para me despedir. Mas só você conhece a morte e preciso saber dela. Não é justo você guardar isso só para você. Deus, quero uma foto sua. Mas quero uma três por quatro. Adoro essas. É quase um carimbo da cara da gente num selo de papel fotográfico. A boca aparece pequena e a gente parece que nem existe. Não perguntei, mas estou levando também cigarros. Ou então compramos aí, quando chegar. Quando eu era pequeno, achava que cigarro era o paraíso e você, deus, a guimba. Por quê? Porque brilhava no escuro, eu acho. Só estou indo, aliás, porque tenho certeza dessa sua solidão, parecida com a minha. Já fui tantas vezes às igrejas vazias, mas não te vi por lá. Cheguei depois ou você devia estar louco de pressa. Nossa, aqui do alto as cores ficam mais vivas. Acho que é a primeira vez que tenho a dimensão do outro,

82 ao persistirem os sintomas

mesmo ninguém estando. E esse vento. Se ventar um pouquinho mais forte acho que vou ter que correr pro banheiro. O olho está se enchendo. (*Mudança de faixa para "Canto Gregoriano".*) Quem é que trocou a música? Só mais um quartinho do doce enquanto te espero ou quer que te ensine como se transformar em Changeman Pégasus antes? Começou a chover. Merda, não trouxe guarda-chuva, fui dar ouvidos ao Borges. Aumenta a música, aumenta, põe no último. (*M. e C. o socorrem com guarda-chuvas enquanto há a projeção de chuva colorida.*) Chove ao redor todo menos na gente. Chuva colorida. Não encosta, senão eu gozo. Basta um verde pra ficar excitado e um vermelho para acreditar em tudo. Me dá um beijo. Um beijo de chuva colorida. Posso confessar um pedido desses de aniversário. Eu sempre quis rezar em línguas enquanto a chuva cai. Pode ser o pai-nosso de trás para frente.

(*Os três rezam completamente alterados e molhados pela chuva colorida. Luz se apaga. Música alta forja uma pista de dança num quarto sem ninguém, só com o corpo de C. alteradamente dançante. C. simula um strip-tease solitário e alucinado. Projeção de uma orgia na parece, na qual ela vai entrando e se entregando à imensidão de "ais".*)

VOZ: Ao som de uma trilha sonora de filme pornográfico retrô.

C: Eu sempre sonhei com um abraço que fosse maior que eu. Nunca achei que pudesse me abrir assim como uma deusa contemporânea sem qualquer raiz, fim ou paradeiro, diferente dessas mitologias que temos e já decoramos tanto. Uma deusa que não sabe que é deusa, que não conhece o perdão, tampouco a culpa em desentender o que decerto nunca foi aliás. Uma deusa que não precisa de nenhuma mensagem de paz para existir. Nenhuma dose de amor ou qualquer um desses sentimentos supérfluos que a gente nomeia para tentar deixar legível, o que por dentro se destila como uma bebida dessas que a garganta estala quando reconhece. Eu sempre sonhei com um abraço capaz de coçar várias nucas, mas é só a curva do teu cabelo que eu consegui coçar, meu bem. Os livros que liam para eu dormir diziam tantas profundidades que eu tive receio de dizer que eu era supérflua, rasa, que nos meus olhos não caberia nenhuma gota dessa vã e custosa profundidade. Eu nunca acreditei nem em milagre ou fada, mas quando vejo uma imensidão de corpos assim, tenho tanta vergonha dessa solidão. Tenho tanto medo de continuar acreditando que é melhor colocar os desejos numa lata de conserva e ficar chupando os dedos da moral e dos bons costumes. Tá, a minha boca está secando, eu sinto. E se ela seca, esse abraço some no horizonte. Então eu vou aproveitar para ser essa deusa só nesta noite em que tenho um nome falso que inventei agora. Pouco importa, me dá mais um comprimido senão começo a tremer, o meu coração acelera, o meu olho fica naquele estado insuportável de querer chorar e eu não suporto as pessoas que choram. Eu não suporto a lágrima porque ela não serve nem para diminuir o atrito do meu sexo no seu. Eu tô tremendo mas eu quero que continuem, que me abram até o cume, até os fogos sem artifícios estourarem as pregas dessa filosofia torpe que me enche de poréns e não me deságua como eu de fato gostaria de desaguar no peito dos homens, no útero das mulheres, nos olhos daquele amor passageiro que eu quis que fosse o primeiro para os outros passarem rápido até o corpo se acostumar com o tranco. Os relâmpagos do para sempre, as figurinhas repetidas daquele álbum que infância já não lembra mais. Tanta coisa que ninguém vai dizer o contrário. Aperta com os dedos, tira os pelos que você não gosta, desata cada um dos botões. Tá achando que tudo isso é delírio, que é só colocar um dois ou três comprimidos goela abaixo que o mundo fica mais palpável, mais tateável. Há quanto tempo você não forja uma agulha com os dedos para escutar a primeira musiquinha disso que você chama de lembrança? É claro que acredito no amor, nos sonhos, tudo isso vende na padaria e ainda dá pra comprar com moedas. Eu também acredito nos smurfs, e acho que agora sou uma smurfete pós-moderna que cospe o sapatinho de salto e dança sozinha *bandolins* por duas vezes consecutivas. Tá bom, eu vou parar de falar, enquanto, por favor, tirem peça por peça. Só não demora porque eu não respondo por mim depois de estar nua, depois de estar fatiada nessa mesa como uma ninfomaníaca depressiva extracotidiana. Eu ainda não tinha prestado atenção no outro. Na marca de vacina. Nos vincos da pele. Na cicatriz. Em como é feio um joelho. Em como consigo visualizar a cara de cada um quando era criança. Enquanto vão me despindo como se eu fosse um telegrama, telegrama ainda existe? Como se o cio incontornável dos seres pudesse ser aliviado de uma forma melhor que essa, onde todo mundo é estranho ao que sabe, ao que sente, ao que espera, enquanto lá no banco das escolas vão continuar insistindo em te ensinar a gozar com o pau dos outros. Eu só sinto agora a elasticidade que estes poros recusam. Abram, arreganhem as partes porque essa deusa fragmentada não quer saber da sua outra parte. Quer só dezenas de nucas nesse quartinho de qualquer substância. E quero que fodam-se, que fodam-me. É essa a declaração de amor mais sincera que eu posso dizer baixinho no ouvido do mundo: Fodam-se! Você já parou pra pensar que quando a gente está fodendo temos vontade de dizer uma série de coisas que não dizemos? E aí eu me pergunto: se nem quando a gente está fodendo a gente diz, então é porque até a foda está sendo alterada nas suas sensações mais genuínas. Eu quero lembrar dos olhos de todos vocês, desse brilho estranhamente humano de quem fode com gosto, com vontade, com o silêncio escorrendo pela boca de tanto não ter o que falar. Troca música, põe uma coisa romântica para o final ficar comportado e não voar porra em todo mundo. (*Mudança de faixa.*) Afinal, logo o tempo deixa os rastros na pele, debaixo dos olhos, na curva das pernas, e a gente vai perdendo os jeitos de dizer e, numa noite como essa, vira a cartela inteira na garganta, veste uma roupa que endeusa qualquer fim de semana e sai por aí, disposta a sentir um abraço de dezenas de nucas, enquanto nas janelas dos apartamentos estarão costurando a crueza repentina do meu gozo com o fio irretocável das

éder rodrigues

montanhas que pregam nossos disfarces na sala, em cima do sofá, e bem ao lado do sagrado coração.

(*A luz se apaga. Música no último. Som eletrônico. Novamente a projeção da roleta no chão, onde eles dançam alteradamente. Imagens dos diversos sintomas do século XXI vão se misturando com uma chuva de comprimidos que caí pelo espaço.*)

VOZ DE LOCUÇÃO COM EFEITOS DE VINHETA DE ENCERRAMENTO: A fórmula da felicidade já pode ser manipulada. Prazer vende na drogaria e já tem até a versão genérica. A droga do amor é antiga, todo mundo que foi para Woodstock tomou e o efeito durou até se casar de papel passado, comprar um Chevette e escrever um livro. Aquele sentimento antigo de ter a sensação das coisas nas mãos escapou pelos dedos. Não confunda tudo com prescrição acelerada do momento, porque viver de olhos fechados é para poucos. Advertências para mapear suas veias, posologia para controlar o choro e o êxtase, contraindicações para saber que horizontes teus pés equacionam, superdosagem para sair de si pelo menos uma vez. Onde eu assino? Pode misturar com álcool? Estar sensível a todos os buracos, quinas, guindastes, compotas, gang-bangs e sentimentos não identificáveis não é tão fácil assim como pregou a poesia que se suicidou já faz um tempinho. Não descobriram ainda o que deus tomou naquela semana ins-piradora. Ou você acha que ele criou tudo isso aqui fazendo anotações num bloco de notas e conferindo uma lista de compromissos? Tanta lonjura nos olhos que as maravilhas de perto não suportam mais a claridade nem o escuro. É esse o ritmo: a conta-gotas e o corpo que resta. Sim, ainda resta o corpo e as sensações do tamanho de uma lágrima. E elas não cabem mais dentro do olho nem numa colher de sopa.

(*Ao som de uma caixinha de música. Sorteiam outro comprimido e dizem simultaneamente o texto de cada um a seguir.*)

M: Já pode subir, Alice. Eu vou te dar a mão, esquece essa coisa de maravilhas, pois aqui em cima tem uma dobra de absurdos para você se cobrir. Alice? Eu esquentei o leite,

86 ao persistirem os sintomas

fiz biscoitos em formato de vírgulas. Ainda não te falei das maravilhas daqui da superfície, mas posso te garantir que todas são uma delícia de engolir. Larga esse coelho, aqui está cheio de pelúcias e não é nada com o corpo, eu juro...

H: Que demora. Engraçado que quando a gente sabe que o doce acabou, é porque a infância não cabe mais dentro dos olhos. Eu vou pegar mais doces, mas vou deixar a mala aqui pra você saber que eu já cheguei. Eu já volto. A minha memória tá nesse pendrive. Se eu estiver demorando, pode acessar. Outra coisa... você não tem um apelido para eu chamá-lo? Deus é muito formal e não é nada com o corpo, eu desconfio...

C: Abotoa um por um. Deve ser hora de dormir. Passa pomada que o peito está congestionado. Me dá uma coisa pra beber porque estou doendo. Preciso beber alguma coisa para ver se a dor continua. Doer é de uma profundidade que até arrepia e não é nada com o corpo, eu aposto...

(*Todos levam a cápsula até a boca. Comprimem-se ao máximo de si. Luz só no rosto de cada um. Levantam o copo de água, de suco de maracujá e de vodca até cobrir a face e engolem. A luz diminui aos poucos até o escuro final.*)

FIM.

Éder Rodrigues é dramaturgo com trabalhos também desenvolvidos na área da prosa e da poesia. Autor das peças *Argonautas de um Mundo Só* (2013), *A Pequenina América e Sua Avó $ifrada de Escrúpulos* (Prêmio Sesc/Sated MG 2011 "Melhor Texto Inédito"), ... *E Peça que Nos Perdoe* (2013), *Toada Para Recolher Rastros do Céu* (2015), dentre outras. Pós-graduado pela Universidade Federal de Minas Gerais. Em 2009 recebeu o Prêmio Josué Guimarães de Literatura. Desenvolve pesquisa sobre dramaturgia latino-americana contemporânea com ênfase nos formatos híbridos e nas novas dinâmicas de composição dramatúrgica.

Conto
Anônimo

Sara Pinheiro

Uma peça para apartamentos e outras moradas.

Personagens:
Uma mulher que fala para si
Um homem que nem sempre escuta

Espaço:
O Quarto: Uma cama de casal
A Cozinha: Uma mesa. Um frango cru. Uma faca
O Banheiro: Uma privada. Um espelho. Duas escovas
de dentes já gastas
A sala: Um sofá. Uma televisão

1.

E se retornasse tudo de novo, daria no mesmo? Eu novamente arrastando seu corpo, para soterrá-lo. Sísifo. Pesado e duro. Depois o alívio leve do vento. Um vazio indescritível que me leva novamente a qualquer morte. E soterrá-lo. Sísifo. Arrastando o corpo. Pesado e duro. Dia e noite. Dia e noite. Segunda. Terça. Quarta. Quinta. Sexta. Sábado. Domingo.

(*É domingo. Chove. Ela o arrasta pela casa.*)

(Corte.)

90   conto anônimo

2.

*O casal, na sala, assiste à TV. Ele afaga mecanicamente a mão da mulher em sinal de
"sim, eu estou aqui com você mesmo entretido em alguma outra coisa agora". Ela é
tragada pelo sofá. Ele solta risadas compassadas daquilo a que assiste. Tempo.*

Sabe a Dona Marta? Do 202? (*Pausa.*) A cachorra dela teve
filhotes. (*Pausa.*) E são lindos. (*Tempo.*) A gente podia comprar um cachorro.

3.

*Continuação. Ela vai para a cozinha. Início da ladainha. Ele ainda está envolvido
com a TV.*

Alguma coisa pra cuidar. Às vezes é bom. Mudar os ares!
(*À medida que sai para a cozinha, sua voz fica mais longínqua.*) Se você
preferir, pode ser um gato. Dá menos trabalho. Peixe não.
É só enfeite. Tem que poder tocar, apertar... (*A cena ainda se
passa na sala, onde ele continua assistindo a TV.*) Traz mais alegria. Não
que a casa esteja triste. Não acho. Mas é bom pra mudar os
ares. Dizem que é bom ter um animal de estimação. Alguma
coisa viva. Além de nós, é claro! Dizem que faz bem para
o dia a dia. Pra vida da gente. A minha vida, por exemplo. Você não acha que... Você já se sentiu tardio? Eu me
sinto tardia. Sinto tédio em todos os ossos. Estou ficando
velha. Eu sei! A gente tá quase no final do ano. E amanhã
já é segunda. Mais uma semana. Mais um mês. Mais um
ano. Nunca mais acaba. Já tá ficando tarde. Já são quase 12.
Como o tempo passa! Eu estou ficando velha. (*Volta à sala,
com uma faca na mão.*) Você acha que envelheci muito? (*Pausa.
Ele a olha.*) Eu me sinto velha. O tempo está passando. Eu não
consigo. Eu sou entediante! Eu sei. Ninguém liga. Você não
liga! É tudo muito sempre. Sempre assim. Sempre quase.
Eu quero o fim das coisas! Eu quero ter um filho.

sara pinheiro

(*Olha para frente. Grita. Relâmpago.*)

(Corte.)

4.

Ela está na cozinha. Sobre a mesa, uma carne de aspecto não tão agradável. Talvez podre.

A culpa. A culpa é da carne. A culpa é da carne que apodrece. Era simples. Era fácil. Bastava abrir a geladeira e colocar lá dentro. "Foi sem querer." Do que você quer você não se esquece nunca! "Não foi intencional!" Bastava lembrar. Bastava colocar na geladeira. É simples. É fácil! Basta resfriar. Congelar. Não dá pra fazer tudo o que se quer o tempo todo. Precisamos preservar. Precisamos de limites. Basta preservar todos os dias! Toda segunda. Toda terça. Toda quarta. Quinta. Sexta. Sábado. Domingo. (*Outro tom.*) Todo domingo, quando eu era criança, eu comia frango ensopado em casa. (*Quebra.*) A culpa. A culpa é da carne que apodrece. Não! A culpa é minha que quer cuidar de tudo o tempo todo!

(Corte.)

5.

A mulher está sentada na privada. Lê bulas de remédio. O homem está de pé, em frente ao espelho. Apenas escova os dentes.

O produto deve ser conservado abaixo da temperatura ambiente entre 10 e 0 graus Celsius, protegido da luz. Não use o produto com o prazo de validade vencido, o que pode ser verificado na embalagem externa. As substâncias podem ser alteradas e causar prejuízos nos efeitos. Verifique sempre o invólucro e as boas condições de armazenamento. Siga a orientação indicada, respeitando sempre os horários, as doses. Recomenda-se a utilização após as refeições, de preferência após a última refeição, à noite, antes de dormir, deitados na cama, enquanto o sono não vem. Agite bem antes de usar. Se preferir, pode amassar delicadamente. Até mesmo apertar. Preste atenção no ponto certo, no tempo certo. E pronto! Não foi ainda relatada nenhuma contraindicação no caso de despedaçamento, destroçamento...

6.

Continuação. Ele vai para o quarto, deita na cama. Talvez leia uma revista. Ela, enquanto fala, escova os dentes. Ao terminar, também vai para o quarto. Em algum momento, ele cairá no sono.

E se eu morresse? Já pensou nisso? Todo mundo alguma vez já pensou nisso... E se eu morresse.... Agora? Não que eu queira morrer.... Não! Eu não quero morrer! Eu não posso morrer. Claro que não posso! Se eu morrer agora vou deixar lágrimas só na minha pobre mãe. Eu preciso de algo mais ousado. Minha morte não interromperia esse fluxo revoltante, esse zen sem sal: dia e noite. Dia e noite. Dia. Noite. Dia. Noite. Minha morte não interromperia nem um final de semana inteiro sequer. Além disso, eu sempre pensei: vou morrer um dia. Então, pra que adiantar esse momento, se eu sei que um dia ele vai chegar de qualquer jeito? Nunca entendi os suicidas. Nem os eutanásias. Eu não julgo ninguém! Juro! Respeito todo mundo. Quer morrer, pode morrer. Morre. E pronto!
Só não sei se isso cabe a mim. Eu fico pensando. O fato de eu existir é melhor do que o fato de eu não existir. O fato de eu sentir dor é melhor do que eu não sentir dor

se eu não existisse. Até agora. Até agora eu... Até agora eu
pregava a vida, não porque eu condene quem tire a vida.
Juro! Eu não condeno ninguém! Juro! Eu sempre preguei
a vida porque a morte já me é certa. Já me foi dada como
condição. E a vida não tem condição. A vida é qualquer
coisa de amante. De incerto. De desvio. De desconfiança. É
por isso que eu preciso fazer alguma coisa! Vou ter um filho
e mudar pro mato. Quer você queira ou não. Não! Eu não
aguentaria nem um mês no interior. Eu sei! Eu vou amanhã comprar um filhote da dona Marta! Posso abrir uma
instituição de caridade! Posso me candidatar a vereadora!
Preciso fazer algo marcante. Algo para parar o mundo!

(Corte.)

7.

*Os dois estão na sala. Composição semelhante à do momento 3. Porém, agora, ao
inverso: ela está sentada, encolhida no sofá, sente medo, às vezes solta gritinhos. Ele de
pé, ao invés da faca, ergue um chinelo. Ele mantém a mirada em um ponto fixo. Lentamente se aproxima do ponto, e dá uma chinelada em algum ser minúsculo que lá
estava. Ela respira aliviada. Se aproxima do bicho, e olha por um tempo, como se se
deleitasse com a visão.*

8.

*Continuação. Ele vai para o banheiro. Lava bem as mãos. Ela vai para a cozinha con-
tinuar sua tarefa: preparar um frango. Corta o frango com habilidade. Mostra proeza
com a faca. Imita programa de televisão. Ri sozinha. Diverte-se. Utiliza a faca como
microfone. Brinca com o frango, que às vezes parece uma criança, outras uma carne
podre e qualquer.*

Pegue a carne, de preferência ainda fresca. Fresca! Carne de verdade não é carne conservada, congelada em supermercado ou resfriada em casa, apesar de comer todas com gosto, não é carne de verdade. Não. Não. Não. Não se pode fazer tudo o que se quer. É preciso preservar. É preciso resfriar. É preciso. Basta colocar na geladeira, daí dura para o resto dos dias. Para a outra semana. Para o resto da vida. É assim. A culpa não é da carne. A culpa. A carne apodrece mesmo. É assim. Sempre. A carne (*Respiro.*) Então, pegue o produto – congelado ou mesmo fresco! – e divida-o em partes. Pegue, de preferência, o peito, que é macio, e desliza a navalha melhor. Corte em cubos. Um, dois, três, quatro, cinco, seis, sete. (*Corta o frango freneticamente.*) Oito. Nove. Até quando? (*Respiro.*) Se não tiver navalha, use facas, cortadores, tesouras, ou qualquer material pontiagudo ou devidamente amolado. E ainda mais: se não tiver em mãos nenhuma ferramenta, basta esmagar e pronto! Experimente agora mesmo! Basta comprimir as duas mãos no ponto certo, no tempo certo, e pronto! Quer evitar esforços? É fácil e rápido! Basta empurrar para o outro andar, atropelar na estrada deserta, afogar no mar, metralhar nas ruas, ou qualquer ato que não suje a sua sala de estar. Ainda é pouco? Quer mais fineza? Envenene agora mesmo! Pegue um recipiente pequeno e dilua, em líquido – água, vinho, refrigerante ou suco, de acordo com a preferência do usuário –, três gotas de Sarin, para acalmar consideravelmente o coração. Ricina. Para perceber a contração lenta e reflexiva dos músculos. Estricnina. Proporciona euforia em excesso. Cicuta. Espasmos nunca antes percebidos. Cianureto, e sinta sem sentido a dispneia da vida! É muito fácil matar!

sara pinheiro

9.

Continuação. *A cena ganha outro tom.*

Não que eu já tenha feito. Não que eu queira. (*Pausa.*)
Quando eu era criança, eu vi quando matavam um frango.
Mas não fui eu. Eu só matava formigas. Mas formiga não
conta! E, na maioria das vezes, era sem querer! Descuido.
Eventual. Não por mal, nem por bem. Por acaso. Até agora!
(*Pausa.*) Teve uma vez que eu matei um peixe. Quer dizer,
eu não matei. Foi ele que pulou. Eu juro! Foi ele! Foi ele!
Lá estava ele! Lá estava ele! Eu deixei que ele fizesse a sua
própria vontade! (*Pausa.*) Eu assistia a seu corpo se debater.
Era... Era bonito. Era como se tudo estivesse ali, em um
instante. Ele se debatia. Chacoalhava inteiro. Vivo. Visceral.
Até que se acalmou (*Pausa.*) Não foi intencional. Não foi
de caso pensado. Premeditado. Doloso. Perverso. Intencional. Por mal ou por bem. Até agora! Até agora! (*Quebra.*)

10.

Continuação. *Ela leva o frango destroçado ao marido, que segue vendo* TV. *Ele come. Ela
observa. Suspense. Ele tosse. Ela o observa atentamente. Ele se recupera. Tempo. Ela se
senta a seu lado. Ele afaga mecanicamente a mão dela em sinal de "sim, eu estou aqui
com você mesmo entretido em alguma outra coisa agora". Ela é tragada pelo sofá. Ele
solta risadas compassadas daquilo a que assiste. Tempo.*

A dona Marta tá vendendo um filhotinho.

(Corte.)

11.

Ela está pendurada na janela do quarto. Chove forte.

> (*como se fosse se matar*) Agora! Agora! (*Pausa. Como se pensasse em outra coisa. Mudando de ideia.*) Não! Não sei se desliguei o gás!! Confira! Confira agora mesmo! É simples e rápido! (*Vai para cozinha.*) Basta vedar, respirar e deitar! Dizem que é uma morte sem dor. Só dormir e pronto. Tem-se um cadáver. E os bombeiros batendo na porta, desesperados. Ao menos, distrairia um pouco a vizinhança. Ainda é pouco? É pouco! Ainda quer mais? Quero. Quero sangue! Quero carne! (*Respiro.*) Não! Eu não vou me matar.

(Nesse mesmo momento, o homem sai da sala e vai para o quarto. Encontra a janela aberta. Estranha. Olha ao redor. Fecha a janela. Averigua se não há ninguém por lá. Confere a casa.)

> (*a mulher, ainda na cozinha*) Mas eu tenho que fazer alguma coisa! Que vai parar o mundo! Parar os dias! .... Eu decidi! Vou fazer alguma coisa! Eu vou sair desta casa (*Vai em direção à saída.*) Não! Nessa casa mesmo. (*Retorna onde estava.*) Tanto faz... Eu vou matar alguém!!

(A mulher pega uma faca e sai da cozinha em direção ao quarto, na esperança de encontrar o homem. Nesse mesmo momento, ele sai da sala e vai para o banheiro. Assim se inicia um jogo de "esconde-esconde" entre os dois, sem que ele se dê conta disso. O homem apenas desempenha tarefas corriqueiras de quem está em casa em um domingo qualquer.)

> Simples e rápido. Num domingo tranquilo, basta pegar um utensílio doméstico na cozinha e matar alguém. Algum passante. O primeiro, o segundo ou o terceiro. Tanto faz. Eu preciso de um passante! Onde está um passante? Eu prometo: não vou selecionar ninguém. Não vai ser por discriminação. Não vai ter nenhum critério. Vai ser por acaso. O primeiro que passar! 24 golpes e pronto! Uma catástrofe produzida por mim! Um desvio de uma vida em minhas mãos! Depois, vão surgir as notícias. A imprensa. As histórias. Os boatos. A dona Marta nunca entenderia. Pararia

todos os moradores na porta de entrada, e apenas diria: por quê? Por quê? Nunca imaginei que ela fosse capaz de tal coisa! Dizem que ela foi maltratada na infância. Sério? Mas ela não era de família rica? Classe média! Dá no mesmo, não? Ah! Mais um desses draminhas burgueses! Pra você ver, menina! Nada é certo neste mundo! 24 golpes! Dizem que você só vê o primeiro. Depois, sai sem perceber, num ritmo contínuo e sempre. Segunda. Terça. Quarta. Quinta. Sexta. Sábado. Domingo. Domingo, 27 de setembro de 2012. Mulher mata passante porque queria parar o dia. Mulher mata passante porque não entendia o passar dos dias sem propósito. Mulher mata passante porque não percebia nenhum motivo para não matar o primeiro passante que passava por lá. Alguns especialistas da mente humana alegam se tratar de um crime passional. Tem-se a hipótese de que ela estava envolvida em segredo com o passante. Com a vida. E não aceitaria a sua falta de paixão. Há ainda outros especialistas que classificam o crime como perversidade, maldade, abuso, coisa do diabo, disparate, despropósito ou um surto psicótico. Entretanto, a criminosa acredita ser boa e atesta: Eu estou sã, extremamente sã e lúcida. E entediada. Extremamente entediada. Depois, viriam todos os processos, papéis. Reportagens. Redes sociais. Muitas postagens. Poderiam até fazer um filme a partir da minha história!! "Baseado em fatos reais." Ou um programa de TV.

Eu poderia protagonizar eu mesma. Poderia contar os detalhes do crime, em um episódio. Em outro, eu cederia – ao vivo – todo o lucro obtido nas vendas do livro à família do morto, e visitaria seus parentes – ao vivo –, na expectativa de ser – ou não – recebida por eles! Entrevistas. Estreias. Tapetes vermelhos. Uma. Duas. Noite e dia. Noite e dia. Semanas. Segunda. Terça. Quarta. Quinta... Até quando? Até onde isso tudo pode ir? A família deve aceitar o dinheiro ou não? A sociedade deve ter compaixão? Ou deve se vingar? Isso é instinto? Ou é amor? Senhoras e senhores, eu alego aqui que ter matado um ser humano, fez bem a minha própria existência. Agora eu sou outra!

conto anônimo

Deixo claro a todos: não faço apologia ao crime! Apenas confesso que, no meu caso, me fez bem! A importância da regra não se faz por ela ser justa ou universalmente eficaz, e sim para o conforto da ordem. Segunda. Terça. Quarta. Quinta. Sexta. Sábado. Domingo. Mas o desvio é importante para não se entediar o curso da vida. Da espécie. Por exemplo, eu era alguém digna de nada. De dó. Matei outra pessoa tão enfadonha quanto eu, e melhorei! Agradeço muito ao morto (ou à morta!), onde quer que ele (ou ela) esteja, ou infelizmente não esteja. Todos começariam a se chacoalhar, intensos e vivos. Provocados. Viscerais. Víbora! Devia ser apedrejada! Linchada! Por que ainda não temos a pena de morte? Calma! Neste ponto, eu poderia até me matar em público, transformando meu ponto de vista em ideologia digna e honesta. Eu, *kamikaze*! Isso faria coerência para alguém. Dá no mesmo. Sempre. Lá se tem um cadáver. Mas, na verdade, eu me mataria mesmo mesmo não por coerência ou ideologia, mas por puro egoísmo! Minha morte alteraria uma tarde no mundo.

(Corte.)

12.

Ele e ela, deitados na cama. A cena ganha outro tom.

Dizem que para matar tem que apertar no tempo certo, no ponto certo. Dizem que o corpo tem vários pontos pra morrer. Eu sei onde estão todos esses pontos. Mas é segredo! Quer que eu te mostre? É segredo mesmo. Como vou saber se posso confiar em você? Se eu te mostrar você pode acabar matando alguém, e vão falar que a culpa é minha! Pior: você pode acabar me matando! Então a gente tem que fazer um pacto: se eu te mostrar você tem que falar, tem que falar que me ama. Mesmo morta, você diz:

"Ah!!! Como eu amava ela!" E chora de amor! O primeiro é aqui (*Aponta a garganta. Ele toca.*) Tá sentindo onde bate? É aqui que se vê se um bicho tá morto. Você já viu bicho morto? Eu já. (*Puxa a camisa e indica o outro ponto: a parte superior do seio esquerdo. Ele toca. Ele coloca o ouvido para escutar os batimentos. Depois coloca a boca.*) Se você não contar pra ninguém, eu juro que também não conto que você tentou me matar!

Barulhos de chuva e de choro de filhotes. Movimentos ambíguos na cama. Corpo-a--corpo. Luta ou amor. Ele desaba imóvel. Ela, ainda no frenesi.

13.

Continuação.

Eu não mataria! Claro que eu não mataria ninguém! Não gosto de matar nem formigas! Fico com dó! Eu não mataria um homem! Só se fosse por um acaso completamente impensado! Ou se fosse pela força do destino! Por predestinação! Alguma coisa maior do que eu mesma! Alguma coisa que me aguarda! O meu sangue que me segue e determina meu tipo, meu jeito, meus impulsos. Instintos. Essas coisas todas que eles chamam de DNA. Como se houvesse gerações inteiras me circulando caladas. Como um carma. Como todas essas coisas que eles falam de céus. Os céus, sim! Os céus nesse exato momento podem estar me apontando um presságio. Um sacrifício que deve ser desempenhado por mim! Só por mim! Você, minha filha, não mata por vontade! Você mata por sacrifício. Por algo maior, uma força que vai além da consciência! Delata os deuses: Lá. Lá estava ele deitado na cama. Eu não tenho culpa! Lá estava ele! É ele! É ele! A culpa é da carne. Então sim! Então assim! Então assim eu mataria. Eu matarei. Eu mato. Eu mato sempre e não arremato. Me predestino a isso sem saber. Não, senhoras e senhores! Eu não mato por

conto anônimo

acaso! Eu mato por chamado! Eu mato por algo maior, como Abrão mataria Isaac mil vezes. Eu mato por amor. Pelo senhor de mim. Para que ele não me mate primeiro. Por legítima defesa. Por instinto de sobrevivência. Por instinto, que não se escolhe, que se recalca calado no corpo. Eu mato pelo enfado de todos os dias que desembocam no mesmo fim. Porque, senhoras e senhores, os meus atos – sejam deleites ou delitos – só podem pertencer à minha carne. E a carne, senhoras e senhores, desvela o desejo. E o desejo é também destino.

(Corte.)

14.

Quando eu era criança, um menino da sala, um dia, me abraçou. Ele me apertava forte. Me amassava. Eu tentava escapar, e não conseguia. Fechei os olhos para não gemer, e ele me empurrou. Então, eu caí de um degrau. Meu corpo ficou estatelado no chão sem vontade. Eu, lá caída! E por baixo da minha cabeça se formou uma poça de sangue. Dois. Três. Quatro. Quantos pontos eu tive que receber? Já nem me lembro mais. Nós éramos crianças. Ele me amava e ainda não sabia como. Naquele momento, olhei bem para ele e vi o seu desespero. Foi quase. Foi por pouco. Ele fez de propósito. De caso pensado. Premeditado. Doloso. Perverso. Intencional. Por mal ou pelo seu bem. Por desejo. Ele fez por desejo. Por um desejo bem descuidado. Sem culpa. Sem querer. Sem pensar. Por acaso. Coincidência. Eventual. Não por mal, nem por bem. Por desejo. Como se o ato de desejar não soubesse desdobrar-se de si. Por puro egoísmo. Não quisesse saber do que se queda calado depois. Olhei para ele, e depois do gosto momentâneo de me ver carne frágil em suas mãos, vi o desespero do quase. Não foi no ponto certo. Não foi no tempo certo.

Não bastou. Me perguntaram o que havia acontecido, e eu respondi: eu desequilibrei e caí. Tive compaixão do desespero dele e momentaneamente nós dois fomos cúmplices. Em silêncio. Quase morri naquele dia.

(É quase fim de domingo. Chove pouco.)

(Corte.)

15.

Ela está grávida, parada diante da plateia. Acaricia a barriga em sinal de "sim, eu estou aqui com você". Tempo. De sua barriga escapa, por entre as pernas, um frango cru, pobre, destroçado. Ela grita.

(Corte)

16.

Cena suspensa.

No momento em que volto à casa, nesta casa de dias, de quando, quanto tempo atrás? Já não sinto a proteção reinante de antes. Não sinto o acolhimento manso e morno como se morrer não mais pudesse existir. A minha para sempre casa — tantas outras se fizeram a minha, mas é aquela que permeia a todas às outras do depois — a minha da memória morta, amor — talhada esteja em todas, talvez. Até este ponto, em ritornelo funesto e vago. Como se o mesmo colo que nos acalentasse embrionasse todos os medos. Mesmo mãe amassando todos os cuidados, por puro instinto ou amor, parto pavor: É muito fácil morrer.

conto anônimo

17.

A televisão permanece ligada embora não tenha ninguém na sala. Escuta-se a voz de um locutor de programas do tipo: "Como Cuidar do seu Filhote" ou "Mundo selvagem". O casal está deitado na cama. Homem e mulher encolhidos um no outro. Fora, venta. Eles permanecem estáticos. Talvez estejam mortos. É possível que sim. Mas não podemos ter certeza disso.

FIM.

Sara Pinheiro é atriz e dramaturga. Graduada em Letras pela UFMG e em Teatro pelo Centro de Formação Artística da Fundação Clóvis Salgado e pela École Philippe Gaulier, França. Foi cofundadora da Cia. do Chá, com a qual atuou e experimentou escritos dramatúrgicos, e colaboradora do grupo Pigmalião Escultura que Mexe. É, junto com Vinícius Souza, realizadora da mostra Janela de Dramaturgia. Como autora, seus últimos trabalhos foram: S/Título, *Óleo Sobre Tela* (Cia. do Chá), Noturno (Grupo Teatro Invertido) e *Cine Splendid* (Residência dramatúrgica pelo programa Iberescena).

Elon Rabin

Diego Hoefel e
Ricardo Alves Jr.

Transposição para leitura dramática do roteiro
cinematográfico do filme *Elon Não Acredita na Morte*.

Personagens:
    Narrador
    Elon
    Camila
    Silvana
    Rita
    Atendente
    Segunda atendente

NARRADOR: Elon Rabin está sentado sobre a grama rala de um descampado. Ele tem cerca de 45 anos, cabelos longos, um olhar vago e perdido. Há algo de incomum na figura desse homem, uma certa inadequação que se anuncia nas cores desmaiadas de suas roupas, na desordem de seus cabelos, mas que aos poucos também ganha forma nos movimentos de seu rosto e na maneira como Elon reage ao mundo. Não há ninguém em volta. Elon observa o pequeno córrego que passa em sua frente. Uma rajada de vento move as folhas da árvore pequena e desengonçada que está a seu lado. Elon vira a cabeça e encara sem muito ânimo o movimento das folhas. Uma formiga sobe no antebraço de Elon. Ele a segue com o olhar. A formiga está em disparada e corre circularmente até quase seu cotovelo. Elon observa o bichinho por alguns instantes até que começa a chorar. Um plano geral desse homem, em meio ao nada, sozinho no mundo imenso e descampado.

(*Luzes se apagam. Projeção de um cavalo correndo sobre um viaduto. Homem começa a afinar um violoncelo. Ele segue afinando o instrumento por um minuto, mesmo depois que o narrador começa a falar.*)

NARRADOR: Elon, recém-acordado, está sentado na cama ainda desfeita de seu quarto. Ele passa a mão sobre o rosto sonolento. Elon levanta e abre as cortinas pesadas do quarto. Ele se debruça sobre o parapeito da janela e observa o prédio em frente. O sol oscila entre nuvens e por vezes bate com força em seu rosto. Vai até a cozinha e começa a passar um café. Ele fuma um cigarro enquanto espera a água escoar pelo filtro. Na janela em frente, um homem afina um violoncelo. Elon sopra o café para esfriar um pouco e bebe alguns goles.

(*O homem para de afinar o violoncelo.*)

NARRADOR: A campainha toca. Elon abre a porta.
CAMILA: Oi, bom dia.
ELON: Bom dia.
CAMILA: Eu sou sua vizinha, moro no sétimo andar, o porteiro me falou que o senhor é eletricista. É que o chuveiro lá de casa queimou, eu acho.
ELON: Sei.
CAMILA: Será que o senhor poderia dar uma olhada?
ELON: O senhor tá no céu.
CAMILA: Oi?
ELON: Nada não. Me chama de você. Meu nome é Elon.
CAMILA: Prazer, Camila. Mas, enfim, será que tem como dar uma olhada? Tô louca pra tomar banho e sem coragem de entrar na água gelada...
ELON: Aham, posso sim. Cê espera um minuto? Eu já desço contigo.
CAMILA: Ai, brigada.
NARRADOR: Elon e Camila descem as escadas em silêncio, as ferramentas dentro da bolsa de Elon fazem um ruído de metálico.
CAMILA: Cê mora sozinho?
ELON (*em silêncio antes de responder*): Não.
CAMILA: Faz muito tempo que mora aqui no prédio?

diego hoefel e ricardo alves jr.

ELON: Acho que mais de 20 anos.

CAMILA (*sorrindo*): Eu tenho vinte anos.

NARRADOR: Elon sorri e eles seguem descendo em silêncio. Camila abre a porta. Elon entra e se depara com a bagunça da república. Um casal dorme abraçado no sofá, há várias latas e garrafas de cervejas espalhadas sobre a mesa de centro e acumuladas sobre a pia da cozinha e, mesmo que em volume baixo, toca ainda uma música que parece ser o resquício da farra do dia anterior.

CAMILA: O banheiro fica lá no fundo.

NARRADOR: Elon chega até o banheiro, acende a luz, abre o chuveiro. A água não esquenta.

ELON: Acho que esse chuveiro aqui é melhor trocar. A resistência queimou.

(*Pequena pausa.*)

NARRADOR: Elon está encostado na frente da antiga fábrica de tecidos. Ele observa o carro de som que convida os moradores para uma vigília no sábado. O ruído se confunde com um apito que parece vir da fábrica. Ele tira do bolso o celular e vê se recebeu alguma chamada. A porta da fábrica se abre e algumas mulheres começam a sair. Elon se aproxima do portão. Ele observa a saída das mulheres da fábrica, cumprimenta uma ou outra. De repente a rua está silenciosa. Todas as mulheres estão já distantes. Elon parece não saber direito o que fazer. Ele pega o celular e faz uma ligação. Escutamos bem baixo: "esse número não existe". É noite. Elon olha pela janela de sua casa e fuma um cigarro. No prédio em frente, não há muitas janelas iluminadas, em apenas uma ou outra Elon vê a luz azul oscilante dos aparelhos de televisão. Em uma delas, uma cortina de *voile* branco escapa por uma frincha e é embalada pelo vento. O som de instrumentos musicais embala o movimento insólito.

(*Pequena pausa.*)

Elon acende um cigarro, se vira e encontra uma janela com as luzes acesas. Lá, uma banda está ensaiando e nela está o homem que mais cedo afinava seu violoncelo. Elon os observa. A música é interrompida algumas vezes e os homens voltam sempre ao mesmo fragmento. A rua está deserta e escura. A luz de um poste desenha formas geométricas no chão. Um vulto de mulher cruza a área iluminada. Ela olha rapidamente para cima, depois segue seu caminho. Elon fica agitado (e o narrador também), olha para onde ela vai, apaga o cigarro e sai correndo. Elon desce rapidamente as escadas do prédio. Passa por Camila, que está com alguns amigos.

CAMILA: Ei, Elon, cê conseguiu comprar o chuveiro?

NARRADOR: Elon, sem parar, continua descendo.

ELON (*com pressa*): Ainda não!

NARRADOR: Elon corre, corre, corre. Desce as escadas com o máximo de rapidez que consegue. Chega no térreo sem fôlego, mas atravessa a porta com força para finalmente chegar até a rua. Lá, não vê ninguém. Sua respiração segue ofegante e contrasta com o silêncio quase absoluto, apenas quebrado por um ou outro ruído de instrumento musical sendo guardado. Elon caminha para um lado e para o outro. Cansado, ele vai até um banco, senta e apoia a cabeça sobre as duas mãos.

(*O* NARRADOR *respira.*)

NARRADOR: O sol entra tímido pela janela do banheiro de Camila. Elon está acabando de apertar os parafusos do novo chuveiro.

ELON (*em voz alta*): Pode ligar a chave, Camila.

NARRADOR: A luz do banheiro acende. Elon liga o chuveiro e testa a temperatura da água. Ele se abaixa e começa a guardar as ferramentas, enquanto o chuveiro segue ligado. O banheiro começa a se encher de fumaça. O espelho fica embaçado e Elon se encara por um tempo. (*Pequena pausa.*) Ele ali, fora de foco. (*Pausa.*) O som do chuveiro ligado. (*Pequena pausa.*) Batidas na porta.

CAMILA: Parece que tá funcionando, né?

ELON (*voltando do lapso*): Sim, sim... Mas... É bom deixar um tempo ligado, que é pra ver se a resistência não queima de novo.

CAMILA:	Nossa senhora, não. Bate na madeira. (*Sorri.*) Quanto é que eu te devo, Elon?
ELON:	Nada não, isso é coisa simples. Mas... (*Não sabe direito como dizer.*) É... Eu. Eu queria te pedir um favor.
NARRADOR:	Um celular começa a tocar.
CAMILA:	Claro, claro, mas peraí só um segundo.
NARRADOR:	Elon permanece no banheiro, retira novamente as ferramentas da caixa. Dispõe uma a uma no chão e depois volta a guardá-las.
INQUILINO:	Oi, tudo bem? Cê se incomoda se eu escovar os dentes?
ELON:	Não, não, fica a vontade. Já acabei aqui.
INQUILINO:	Deu certo, então?
ELON:	Aham.
INQUILINO:	Ai, que bom. Tava foda, cara.
NARRADOR:	Elon sorri, fecha a caixa, e vai para a sala. No canto, meio acuado, ele espera Camila de pé.
CAMILA:	Senta, Elon. (*Pequena pausa.*) Bom, diz aí. Que favor é esse?
ELON:	Eu preciso, eu, eu precisava que você fosse num hospital pra mim. Nesse que tem aqui perto de casa, sabe?
CAMILA:	Aham.
ELON:	Eu precisava que você descobrisse se tem uma pessoa, se tem uma pessoa internada lá.
CAMILA:	Ah, a gente pode ligar.
ELON:	Ligar, não. Ligar não dá certo. Tem que ir até lá, eles nunca atendem a gente direito pelo telefone.
CAMILA:	Tá. Peraí, deixa eu pegar um papel aqui pra anotar. Qual que é nome da pessoa?
ELON (*engole em seco*):	É Madalena. (*Pequena pausa.*) Madalena Rabin. R-A-B-I-N. (*Pequena pausa.*) Rabin.

(*Pausa.*)

NARRADOR:	O azul do céu sem nuvens. O som dos grilos. O som dos pássaros. O vento que desarruma as folhas e insiste em romper o silêncio. Um feixe de luz invade o quadro. Elon, deitado no descampado, faz careta e cobre o rosto com as mãos. Ele se levanta e cata com paciência algumas pedras do chão. Ele enche os bolsos e segura algumas nas mãos. Elon se levanta.

110 elon rabin

Respira. E joga com força uma pedra no córrego. A pedra quica e depois desaparece. (*Pequena pausa.*) Elon parado em um corredor, em frente a uma porta simples. A porta se abre.

SILVANA: Vem cá, deixa eu te dar um abraço. Mari, esse aqui é o meu irmão, lembra que eu te falei dele? O almoço tá pronto. Senta, Elon. Quer água? Tá com sede?

ELON: Como é tranquila a Mariana. Ela é filha de quem mesmo?

SILVANA: Da Dayse, lembra dela? A irmã do Rochinha. Ela tá com um emprego novo, um negócio num escritório. Apareceu de repente, Elon. E ela ficou tão feliz. Bateu aqui de noite, me contou tudo. Disse que o chefe ainda por cima é ótimo. E bonito, parece. O problema é que a creche ali perto da parada de ônibus tem um negócio de prazo de inscrição, eu sei lá. Ela nem terminou de falar e eu disse: "pois deixa ela comigo". Televisão é que ela não vai ficar assistindo, tanta coisa pra se descobrir nesse mundo, né?

ELON: Oi, Mariana, tudo bem?

SILVANA: Desde o dia que ela chegou aqui eu fico só me lembrando d'ocê pequeno, Elon. É igualzinha. Ela fica que nem você, olhando pro nada e não é conversadeira. Outro dia ela me olhou tanto, Elon, parecia que tava me adivinhando. Eu no início fiquei nervosa, disse "para com isso, Mariana". Ela riu, olhou pra janela, mas depois, quando eu sentei no sofá, ela veio de novo, quietinha, e parecia sei lá o quê.

ELON: Você também tinha disso, lembra? Ficava inventando coisa de adivinhar, coisa de telepatia. Lembra disso?

SILVANA: Claro que eu lembro, Elon. Mas cê não gostava de ficar mentalizando as coisas pra eu adivinhar. (*Sorri e lembra de* ELON *pequeno.*) Ocê acreditava tanto, Elon, que não queria pensar nas coisas porque tinha medo que elas acontecessem. E eu dizia: "Elon, imagina então um número. Só isso. Fica pensando, sei lá, 435. Pensa aí. Mil vezes. Até eu dizer." E aí você ficava fazendo "lá lá lá", pra não ocupar a cabeça com nada.

ELON: Eu sempre levei essas coisas a sério, desde pequeno.

SILVANA (*ainda lembrando*): Ai, era bom aquele tempo. E a mamãe ficava louca com a gente, né?

diego hoefel e ricardo alves jr.

ELON: É, ela sempre brigava contigo por causa dessa mania de telepatia.

SILVANA: Ela também tinha medo, porque eu quase sempre acertava.

ELON: Uhum.

SILVANA: E você nunca queria brincar comigo, nem escondido. Você cantarolava e fugia. Ia sei lá pra onde. E quando voltava inventava que tinha tirado os pés do chão. Eu dizia, "sim, Elon, cê subiu numa árvore". E ocê dizia "não, eu voei. Só um pouquinho, mas voei". Mas essa moça é como eu, né não? Ela gosta de adivinhar as coisas.

(*Pequena pausa.*)

NARRADOR: De novo, Elon espera em frente à fábrica. Ali, encostado no portão, ele fica de ponta de pé para ver mais longe em meio à multidão. Uma mulher sorri para ele. Ela se despede das amigas e se aproxima de Elon.

RITA: Oi, Elon, tudo bem?

ELON: Tudo indo. E você?

RITA: Também. (*Ela procura as palavras.*) Você... (*Engole em seco.*) tem alguma notícia?

ELON: Ainda nada...

RITA: Eu rezo, cê sabe, né? Todo dia.

ELON: Brigado, Rita.

RITA: Bom, deixa eu ir. Não posso perder o ônibus. A gente se vê, né?

ELON: Sim, sim.

RITA: Tchau, então.

ELON: Tchau. Té mais.

(*Pausa.*)

RITA (*fala alto, já de longe*): Ah, eu mudei de celular. Um assalto e tal. Vou te mandar uma mensagem com o meu número novo.

NARRADOR: Elon janta sozinho em casa. Ele para de comer em um momento e olha para a cristaleira. (*O* NARRADOR *também para por breves instantes.*) Ali, empilhados, os detalhes dourados de cada objeto se confundem. Distante, o som da banda se confunde com o ruído de um ônibus que se aproxima. A cristaleira

110

na parede treme. Elon está deitado na cama, em silêncio. Ele apaga o abajur e o quarto se enche de luzes da rua. De vez em quando, uma luz atravessa a parede. Elon permanece de olhos abertos. (*Pequena pausa.*) É dia. Elon está em uma sala de espera. Um número é chamado algumas vezes. 435. 435. 435. Elon se levanta e caminha até o atendimento.

ELON: Boa tarde. Meu nome é Elon Rabin. É que estou buscando minha esposa. Ela se chama Madalena Rabin. Ela... (*Pequena pausa.*) desapareceu e... e eu queria saber se ela deu entrada aqui, queria saber se ela deu entrada no hospital.

ATENDENTE: Esse tipo de informação é na emergência, no edifício 2. O senhor sabe onde fica?

ELON: Será que cê não pode buscar no sistema?

ATENDENTE: Infelizmente não, seu... Elon, né?

ELON: Elon. Elon Rabin.

ATENDENTE: Então, o senhor sabe onde fica o edifício 2, não sabe?

ELON: A emergência, né?

ATENDENTE: Então. O senhor pode ir lá. E por favor dá licença que hoje aqui está bem cheio pra atendimento.

NARRADOR: 362. 363. 847. 364.

ELON: Bom dia. Eu, eu queria saber se uma pessoa foi internada.

SEGUNDA ATENDENTE: Madalena Rabin, seu Elon?

ELON: Rabin. Madalena.

SEGUNDA ATENDENTE (*sem paciência*): Ah, mas é cada coisa que aparece. Às vezes acho que o senhor tá de brincadeira, sabia? Quantas vezes mais preciso falar a mesma coisa, seu Elon? O tempo que eu tô aqui gastando tendo que lhe dizer pela milésima vez que sua esposa não deu entrada nesse hospital eu podia tá atendendo outra pessoa. E o senhor, convenhamos, podia tá trabalhando.

ELON: O senhor tá no céu.

SEGUNDA ATENDENTE: Como é que é?

(*Pequena pausa.*)

NARRADOR: A campainha da casa de Elon toca.

ELON: Só um pouquinho.

NARRADOR: Blim blom.

diego hoefel e ricardo alves jr.

ELON:	Já vai!
RITA:	Oi.
ELON:	Rita?
RITA:	Lembrei que você gostava de frango com quiabo.
ELON:	Ah, brigado. Quer entrar?
RITA:	Só um pouquinho. Os meninos tão aqui na minha irmã. Ela é tua vizinha... cê sabe, né?
ELON:	Ela mora no nono andar, né?
RITA:	É. Nesse mesmo bloco que você. (Ela quer explicar a visita.) Bom, sobrou do nosso almoço.
ELON:	Senta, Rita.
RITA:	É bonito aqui, Elon.
ELON:	A Madalena sempre dizia isso. Que nossa casa era bonita. Quer uma água?
RITA:	Não, brigada.

(*Pausa.* ELON *não sabe o que dizer.* RITA *quer fugir do assunto, mas não consegue.*)

RITA:	Também sinto saudade da Madalena. Ela (*tem dúvida se deveria continuar falando*), ela sempre foi a pessoa mais próxima de mim lá na fábrica. (*E não consegue não perguntar.*) Quanto tempo faz mesmo, Elon?
ELON:	Cê... cê não quer um café? Eu passei inda agorinha.
RITA (*sorri*):	É que eu não gosto muito de café.
ELON:	E os meninos, tão bem?
RITA:	Tão bem, Elon. Cresceram, né? O tempo voa. Outro dia passei lá no parque onde a Madalena disse que tinha te conhecido. (*Sorri, acha que sobre isso pode falar.*) Eu reconheci pela descrição das árvores, pelo riozinho. (*Pequena pausa.*) Os meninos adoraram lá. Ficaram se dependurando naquela árvore. E eu quase tendo um troço, né?
ELON:	No dia que eu conheci a Madalena. Isso faz muitos anos. Mas nesse dia eu tirei uma foto dela. Eu tinha uma camerazinha. Andava com ela pra cima e pra baixo.
RITA:	Eu também, sabia? Eu tinha uma câmera automática que era só apertar o botão. Teve época que ela tava sempre na minha bolsa. Eu adorava tirar foto de paisagem... Ó que ideia.

ELON:	E eu tenho essa foto até hoje. A foto do dia que a gente se conheceu. Eu lembro quando perguntei, "posso tirar uma foto sua?" E ela disse "não, meu cabelo tá bagunçado". *(Ele lembra disso todo dia e agora sorri, nunca disse isso pra ninguém.)* Mas eu insisti. Eu disse que gostava disso. Que o mundo também era assim, bagunçado. *(Agora ele tenta esquecer.)* É engraçado ver essa foto. Eu olho pra ela todo dia, e de vez em quando não sei se tô vendo um fantasma, *(pausa)* ou se ali ainda tem algo da Madalena.
RITA:	Deixa... Deixa eu ver a foto?
ELON *(fica em dúvida)*:	Peraí, deixa eu ver se eu acho. Só um pouquinho.
NARRADOR:	Elon sai, vai até o quarto e retira uma caixa de cima do armário. Ele observa a imagem por alguns instantes. Elon guarda a fotografia de volta na caixa.
ELON:	Rita?... Rita?
NARRADOR:	Quando chega na sala, percebe que Rita já não está mais lá. A janela está mais aberta e agora o vento sacode com força a cortina. Elon olha pela janela. Lá embaixo não há ninguém.
SILVANA *(fez muitos planos para a noite)*:	Vai ser ótimo, Elon. Pode ir se animando. Ano passado foi muito bom. Dancei a noite toda e a música tava ótima. Tá bom esse batom? Ou será que um mais discreto? Eu tenho um escuro também? Ai, não sei...
ELON *(pensava em outra coisa e sem muita vontade de ir)*:	Esse, Silvana. Esse tá bom.
SILVANA:	Vamos animar, meu querido. Tá me escutando? Bora animar aí. Me passa o lápis? Esse não, Elon, o lápis.
ELON:	Que horas começa lá?
SILVANA:	Já começou, eu acho. Começa cedo, mas a gente chega mais tarde. Melhor, né? *(Pausa.)* Sempre acho engraçada essa bolinha branca que tem aqui no canto do olho, sabe? Sempre que chego muito perto do espelho fico olhando pra ela. Parece coisa de outro mundo, cê não acha não?
ELON:	A bolinha do olho?
SILVANA:	É que a gente nunca olha pra ela, né? É tipo o umbigo. Eu tenho medo de olhar meu umbigo de perto.
ELON:	Só você, Silvana.

diego hoefel e ricardo alves jr.

(*SILVANA* ri.)

SILVANA: É engraçado. Sempre penso umas coisas estranhas enquanto tô me maquiando. Sei lá, deve ser porque eu chego muito perto do espelho. Aí parece que eu viro um monte de pedaços. É estranho. Sou eu e não sou. Enquanto me maquio sinto como se tivesse colocando tinta pra me fazer parecer mais gente.

ELON: E menos bicho, né?

SILVANA: É, acho que é isso.

ELON: A gente esquece.

SILVANA: Do quê?

ELON: Que a gente é isso também. Bola do olho. Umbigo. Apêndice. Costelas flutuantes.

SILVANA: É.

(Eles ficam em silêncio por um curto tempo, *SILVANA* ri.)

SILVANA: Ai, Elon. Só você mesmo.

ELON: De vez em quando eu sonho com isso, sabia? Tenho uns sonhos muito estranhos às vezes.

SILVANA: Tipo o quê?

ELON (*não sabe se deve contar*): Sei lá. É difícil de explicar… Mas tipo, eu continuo sendo eu. E sei disso. Mas ao mesmo tempo não sou eu, eu sou um bicho. Um animal meio acuado, assustado. Um bicho que não sabe pra onde vai.

SILVANA: Acho que entendo. Eu já tive uns sonhos assim. Às vezes sonho com a mamãe. E eu sou ela. É estranho.

ELON: É tipo isso.

SILVANA: Tá, mas vamos deixar de besteira, que tô achando que o senhor tá é querendo me enrolar pra gente desistir de ir pra essa festa.

NARRADOR: Elon, sentado, parece bêbado. A irmã está dançando com umas amigas. Elon a observa a distância. Caminha em direção ao banheiro. Entra e fecha a porta de uma das cabines.

HOMEM 1 (*em tom de piada*): Faz sei lá quanto tempo que tá buscando a porra da mulher. Já escutei histórias que ela pode ter

116   elon rabin

morrido, outros falam que ela pode ter fugido com outro cara. E ele continua esperando ela voltar. Deve ser é doido.

HOMEM 2: Tem corno que não abre mão de ficar sofrendo.

HOMEM 1: Rapaz, se a minha mulher sumisse eu ia achar era bom, sabia?

NARRADOR: Barulho de porta. Elon sai da cabine, se olha no espelho. Ele está meio bêbado. Lava o rosto. Elon cruza a festa e não se despede da irmã. Tenso, olhar firme e caminhada decidida. Sai do salão. Em um corte, vemos Elon de costas, descendo as escadas de um hospital. Sua trança revela seus cabelos grisalhos. Seu movimento é brusco e um pouco acelerado. Dois médicos estão subindo em direção contrária. Eles conversam, Elon não escuta exatamente o que eles falam. Elon observa com distância as três pessoas da sala de espera. Do lado de fora, uma ambulância chega. Elon observa a cena que acontece em frente à porta de sensor. Dois enfermeiros vão levando uma maca. A porta abre. Eles passam pela porta. A porta fecha. Retiram da ambulância um corpo. A porta abre. Entram. Cruzam rapidamente a sala e entram em uma área restrita. Elon caminha até balcão de atendimento. O rapaz do atendimento diz que Madalena não está lá. Ele anda indeciso até a porta. Respira. A porta abre. Vira para trás. A porta fecha. Vai até o bebedor. Abre. Caminha decidido. Espera a porta acabar de fechar antes de abrir mais uma vez. O sol está nascendo e Elon caminha no viaduto da Floresta. No fundo, a luz ainda suave do dia ilumina os prédios do centro da cidade. Elon está sentado na sala de uma delegacia. O homem atrás da mesa oscila o tom de voz e por vezes parece mais enérgico do que o necessário. O sol já entra forte pela janela.

DELEGADO: Bom dia, seu Elon. Como andam as coisas?

ELON (*não está para conversinhas*): Vim saber se vocês têm alguma novidade...

DELEGADO: Nada. Tá ficando complicado, Elon. Nenhuma pista. Nada. Já buscamos o corpo da sua esposa em tudo quanto é buraco. E vai passando o tempo, vai ficando mais difícil.

diego hoefel e ricardo alves jr.

(*Pausa.*) Você sabe que esse caso só continua aberto pelo respeito que tenho por ti, né? Mas já vou te falando que a investigação está ficando cada vez mais complicada de sustentar aqui dentro. Quando algum policial encontra o corpo de uma mulher negra, eu logo penso, "é Madalena, acabou o sofrimento do Elon". Nada. Logo me informam que é outra pessoa. (*Tenta mudar de assunto.*) Tá um calor hoje. Tá sentindo não?

ELON: Pois é...

(*Pausa.*)

DELEGADO (*agora decide ir direto ao assunto*): Seu Elon, o senhor batia na sua esposa?

ELON: Não.

DELEGADO: Não tô dizendo que é seu caso, mas existem muitas mulheres que fogem de casa por agressão do marido. Tem certeza de que não batia nem quando bebia?

ELON: Eu não bebo.

DELEGADO: O estranho é esse desaparecimento pela manhã. Bem na hora do trabalho. Ela saiu de casa como fazia todos os dias, mas algo aconteceu no meio do caminho. O senhor já pensou que ela poderia ter fugido com um amante? Desconfiava de algo? Já percebeu alguma coisa nesse sentido?

ELON: Duvido.

(*Pausa.*)

DELEGADO: Elon, já faz mais de um ano que estamos nessa busca... Eu já tinha te antecipado, mas agora o caso tá sendo encerrado. Pelos ofícios públicos, a sua esposa tá desaparecida. Agora é você lidar com essa situação. Ó, te dou um conselho: nessas horas o melhor é tentar recomeçar a vida.

NARRADOR: Elon, na frente do córrego. Ele se abaixa e pega algumas pedras e as atira uma por uma, em um gesto de força e raiva. Elon respira e senta sobre a grama. (*Pausa.*) É noite. Elon deitado sobre a grama, sozinho. Ele acorda meio desnorteado e sai andando em passos cambaleantes. O parque está deserto e escuro. Ao fundo, alguns relâmpagos anunciam a chuva. Elon parado no corredor do apartamento de Silvana. A luz de sensor apaga. Ele se move e ela volta a acender. Elon bate na porta. Espera. Silvana abre. Ela o vê, todo esculhambado, com o cabelo bagunçado. Sem nenhuma palavra. Eles se abraçam. (*Pausa.*) No outro dia, Elon se espreme entre várias pessoas em um ônibus lotado. Seu celular toca.

ELON: Pronto. (*Pequena pausa.*) Sim, oi, Manuel. (*Pequena pausa.*) Tudo, tudo. (*Ele parece não acreditar.*) É? Encontraram? (*Respira.*) Onde? Sim. Sei. Tô indo pra lá.

NARRADOR: No corredor frio do IML, Elon segue o médico legista. Seu rosto oscila entre o escuro e os clarões de luz fria fluorescente. Enquanto ele caminha, seus passos ecoam. Elon entra na sala. O médico abre uma das várias gavetas. (*O narrador está com medo.*) Elon olha o corpo. (*O narrador respira.*) E faz não com a cabeça.

(*O homem do violoncelo agora começa a tocar. A música vai se adensando, em um crescendo.*)

NARRADOR: Os resquícios da chuva ainda estão nas árvores e sobre os carros. O cavalo branco anda lentamente pelo centro da cidade. O cavalo vai aos poucos se acalmando. Uma moto passa por ele e desvia para o lado. O cavalo passa a andar lentamente. Ele para em frente a uma vitrine e observa os manequins ali expostos. Na loja, diversas mulheres com roupas de trabalho. Depois de um tempo, o cavalo segue andando, até que dobra uma esquina e desaparece na escuridão. (*Pequena pausa.*) Elon, recém-acordado, está sentado na cama ainda desfeita e passa a mão sobre o rosto. Ele levanta, vai até a janela do quarto e abre a cortina. No prédio em frente, o homem do violoncelo toca sozinho o fragmento que a banda vinha ensaiando insistentemente nos últimos dias. Elon vai até o banheiro, lava o rosto e se olha por algum tempo. Ele caminha até a cozinha, abre o armário, pega uma pequena panela, leva até a pia, abre a torneira e a enche de água. Apoia a panela no fogão. Busca um fósforo na caixa que está embaixo da janela.

Elon acende a boca do fogão e coloca a água para ferver. Ele caminha até a janela da sala e escuta o homem tocar. Como num piscar de olhos, os pés de Elon saem alguns centímetros do chão.

(*Pausa.*)

(*O homem continua tocando por algum tempo.*)

NARRADOR: Manhã de sol após noite de tempestade. Elon está sentado no meio-fio em frente ao portão da fábrica de tecidos. Ele observa a chegada das trabalhadoras. De repente ele esboça um sorriso. É Rita que se aproxima. Ela vem até Elon. Ele levanta. Ficam frente a frente.

RITA: Como cê tá, Elon?

ELON: Trouxe a foto que queria te mostrar.

NARRADOR: A mesma árvore, o mesmo rio, a textura do tempo impressa na fotografia. No canto da imagem, uma silhueta em contraluz. Uma sombra que mal se diferencia do fundo.

RITA: Elon, preciso te dizer uma coisa.

ELON (*depois de um breve silêncio*): Eu também.

(*As luzes se apagam.*)

FIM.

Diego Hoefel é natural de Porto Alegre. Atua como roteirista, realizador e pesquisador, além de ser professor do curso de cinema e audiovisual da Universidade Federal do Ceará (UFC). Os filmes que roteirizou já foram exibidos em diversos festivais nacionais e internacionais, entre eles a Semana da Crítica do Festival de Cannes, o Festival de Locarno e o Festival de Oberhausen. Trabalha atualmente no desenvolvimento do roteiro dos longas-metragens *Cidade Submersa* e *Elon Rabin Não Acredita na Morte*. Este último, contemplado pelo prêmio Hubert Bals Fund de desenvolvimento de roteiro, é seu primeiro longa-metragem de ficção.

Ricardo Alves Jr. é natural de Belo Horizonte. Seus filmes participaram de diversos festivais nacionais e internacionais como: Semana da Crítica do Festival de Cannes, Festival de Locarno, Oberhausen, Rotterdam, Havana, Buenos Aires, Festival de Brasília do Cinema Brasileiro, International Video Art Biennial em Israel. Em 2013, teve uma retrospectiva de seus filmes na Cinemateca Francesa de Paris e no Cine Esquema Novo-Expandido em Porto Alegre. No teatro dirigiu *Discurso do Coração Infartado*, um solo de Silvana Stein, e codirigiu, com Grace Passô, *Sarabanda*, de Ingmar Bergman.

Embriões de Aniquilamento do Sujeito

Guilherme Lessa

Em colaboração com Renata Riguini e Gustavo Jardim.

Agradecimentos:
Anna Flávia Dias Sales, Mônica Cerqueira, Rita Clemente, Letícia Castilho, Leonardo Lessa e Rômulo Romeu.

Personagens:
    Homem dos Passos
    Homem Amarrado
    Nara
    Fulano de Tchau
    Doutor
    Senhorinha

Cena.
Homem Seccionado

Sentado em uma cadeira, um homem está amarrado. Ele tem pequenos espasmos; calafrios do espírito. Não há sombra. As fontes de luz estão por todos os lados: acima, abaixo, evidentes, imperceptíveis. Ouvem-se passos ao longe, cada vez mais próximos. Ocupado com a própria ruína, o homem amarrado não os percebe. Um segundo homem aparece. Aproxima-se do primeiro. Estende o braço e encosta a mão num pedaço exposto de pele, checando a temperatura do corpo.

HOMEM DOS PASSOS: Não parece bem. (*Pausa. Sentando-se.*) Também não parece especialmente mal. (*Metodicamente, olha o relógio, perscruta o interlocutor, contempla a imensidão do ambiente.*) Descalço...? Não me surpreende que esteja febril... (*Pausa. Olhando para os pés descalços do homem amarrado.*) O louco é a única pessoa realmente livre – eles dizem. Eu discordo. Se o andarilho é escravo da caminhada, também o louco é escravo da razão. (*Pausa. Em outro tom.*) Não acho que você seja louco, não

124   embriões de aniquilamento do sujeito

mesmo. (*Pausa.*) Parece ter mais lucidez e dignidade do que a maioria. Não faz o que quer, mas também não faz o que não quer... (*Pausa. Olhando para o homem amarrado.*) Se eu perguntar, não vou saber se você está sendo sincero. (*Pausa.*) Vou? (*Pausa.*) Não vou. Não agir. Não ter que agir.... Estou diante do homem mais livre do mundo? Por que não? Ele pode estar amarrado porque defende princípios justos. Pode estar amarrado porque foi capturado em território inimigo. Pode estar amarrado porque envenenou uma cidade. De qualquer forma, não faltam motivos perfeitamente razoáveis para estar amarrado. (*Pausa mais longa. Mudança de tom, iniciando uma história.*) Quando criança, quase todo dia chegava na sala de aula e sua cadeira estava coberta de tachinhas. Sentava nelas e doía muito, então chorava e chorava. Dava dó, de tão pequenininho... Os professores mandavam pra enfermaria, todo mundo morria de pena. Os coleguinhas riam, mas não batiam nele. O sofrimento era constante. (*Pausa.*) Em casa, recebia carinho dos pais porque tinha o bumbum cheio de furinhos. Dedicavam muito mais tempo a ele do que aos irmãos. (*Ri.*)

HOMEM AMARRADO (*com dificuldade, voz muito fraca*): Eu...

HOMEM DOS PASSOS: Era eu. Eu mesmo colocava as tachinhas. Eu mesmo sentava. Minha estratégia para me dar bem sempre foi me dar mal. Angustiar para conquistar...

(*O* HOMEM DOS PASSOS *percebe que um pedaço da corda dificulta que o* HOMEM AMARRADO *fale. Ele se levanta, desobstrui a boca do outro e volta a sentar-se em sua cadeira.*)

HOMEM AMARRADO (*pausadamente*): Es-tou come-tendo su-icídio...

HOMEM DOS PASSOS: A corda podia ser melhor aproveitada. E você sabe. (*Pausa. Ri um pouco.*) Você disse pra ele? (*Pausa.*) Acha que ele vai pensar o quê? (*Checa o relógio.*) Olha, eu preciso te dizer: no momento em que você age, você já está preso.

HOMEM AMARRADO: Eu escuto vozes. Num templo. (*Pausa breve.*) Eles entoam cânticos. (*Pausa..*) "Morte, morte, morte". (*Pausa.*) E eu vou... eu vou.

(*O* HOMEM DOS PASSOS *pega a ponta da corda próxima ao pé do* HOMEM AMARRADO. *Fica com ela na mão.*)

HOMEM DOS PASSOS: Eis o que se espera de um santo – sacrifício. E quando ele faz, o que acontece? Sua liberdade escorre, esvai. Não acho que você está entendendo. Ele pergunta: "pra que morre o santo? Pra quem?" (*Pausa. Eloquente.*) Isso mesmo! Você demora a responder!

(*O* HOMEM DOS PASSOS *começa a puxar a corda. Enquanto desenrola o* HOMEM AMARRADO, *gira sobre o próprio eixo e enrola-se a si mesmo. Agora ambos giram em sentidos opostos.*)

HOMEM DOS PASSOS: Ele pergunta "onde está a bondade? Onde estão os milagres?" (*Pausa.*) Ele te confunde, homem! Você é um santo perdido... Você não sabe? Você sabe?

HOMEM AMARRADO (*pausadamente*): Eu não vou aguentar...

HOMEM DOS PASSOS: Não vai. Lembra quando chegou? Lembra quanto teve que subir pra chegar? (*Pausa.*) Você provavelmente nem lembra...

HOMEM AMARRADO (*sofrido, mas repentinamente autoconsciente*): Às vezes eu acho que eu já estou morto. Mas essas feridas... Elas doem tanto!...

HOMEM DOS PASSOS: Cada passo, um ritmo. (*Achando graça.*) Você nem usa relógio! (*Continua a desenrolar a corda.*) Lembra do que ele te disse na entrada? Você já deve ter esquecido também.

HOMEM AMARRADO (*sentindo dor*): Ahh!

HOMEM DOS PASSOS: Calma. É só pele. Fina demais em alguns lugares, pode rasgar. Em outros, dura e quebradiça.

HOMEM AMARRADO (*sentindo dor*): Ahh!

HOMEM DOS PASSOS: Estilhaça! Precisa de cuidado. A corda machuca, mas liberta... (*Pausa longa. Decidido.*) Eu vou te libertar agora.

HOMEM AMARRADO: Não! Não!

HOMEM DOS PASSOS: Eu vou te libertar.

HOMEM AMARRADO: Hoje não! Por favor!

(*Os dois seguem girando. O ritmo diminui até que param. O* HOMEM DOS PASSOS, *agora completamente amarrado, finalmente se cala quando um pedaço de corda lhe obstrui a boca. O* HOMEM AMARRADO, *enfim livre, divide-se ao meio longitudinalmente. Sua primeira metade levanta, caminha até a janela e se lança ao infinito. A segunda metade permanece na cadeira, catatônica e fria. Mal se nota que continua a respirar.*)

Cena.
Fulano de Tchau

NARRADOR: Mentalmente, projeto um véu cinzento semitransparente a cobrir-me os olhos, os ouvidos, as narinas e a boca. Sinto-me bem protegido assim. Vivo assim, velado, pela metade, dividido ao meio pelo pânico da existência. Passo a maior parte do tempo encantado com minha própria ausência. Brinco de inexistir: "Esse ano não tem mais vaga. Liga no ano que vem, tá? Obrigada." Da antessala, a evidência de que o tempo, afinal, passa. Nada pior para quem espera do que uma ampulheta sem areia. O piso de tábua corrida anuncia a chegada dos próximos clientes. Enquanto cumprimentam a secretária do lado de fora do consultório ("Ele já vai atender vocês"), faço rolamentos suaves. Gentil comigo mesmo, levanto sem dificuldade. Duas batidas na porta, eis o código: em cerca de cinco minutos, devo atendê-los. É o tempo necessário pra abotoar a camisa de botão, passar um pente rápido nos fios de cabelo que sobraram e checar as remelas no espelho do banheirinho. Quando finalmente abro a porta sem disfarçar desinteresse, espero encontrar as mesmas pessoas de sempre, que se parecem com todas as pessoas de sempre, que falarão certamente as mesmas falas de sempre. Minha profissão é escutar.

NARA: Boa tarde, doutor, esse é meu marido, Fulano. Ele é de Tchau, mas fala algum português.

FULANO DE TCHAU: Boa tarde, doutor.

NARA: O Fulano mudou pro Brasil tem uns quatro anos...

FULANO DE TCHAU: Mudamos pra cá depois que casamos em Tolga.

NARA: A gente decidiu que era melhor morar no Brasil. Por diversos motivos...

FULANO DE TCHAU: Melhor, mas na verdade pra você.

NARA: Fulano ainda está se acostumando com a vida no Brasil. A adaptação não é fácil... (*Pausa.*) De qualquer maneira, a gente está aqui por um motivo bem objetivo. Não é, meu amor?

guilherme lessa

FULANO DE TCHAU: Sim, doutor.

(NARA e FULANO se entreolham. Silêncio desconfortável.)

NARA (falando baixo): Você não vai falar?

FULANO DE TCHAU: Quer que eu fale? (Para o DOUTOR.) Nara reclama que eu não gozo ela...

NARA (dirigindo-se ao marido): Não sei se essa é uma boa maneira de introduzir o assunto, meu amor. (Para o DOUTOR.) A gente tem tido alguns problemas na cama. Isso que o Fulano falou, não sei se deu pra entender, é só um detalhe que piora as coisas um pouco.

FULANO DE TCHAU: Nara incomoda que eu faço pornografia internet.

NARA (para FULANO): Hoje você está com um pouco de dificuldade de se expressar. Você deve estar confundindo o doutor... (Para o DOU-TOR.) O Fulano não faz "pornografia internet", ele consome pornografia na internet. Então eu acabo ficando incomodada.

NARRADOR: Sentado de frente para o casal, não faço qualquer movimento. Sequer gesticulo que pretendo comentar a respeito. Ao invés disso, fixo os olhos na parece oposta.

NARA: Também me chateia um pouco porque na hora "H" ele entra num transe solitário... Eu sei que o Fulano é de Tchau, que ele tem muita virilidade, que é um pouco mais novo que eu. (Tentando articular o raciocínio.) Mas às vezes acho que ele me trata... como um objeto. Sabe, doutor, às vezes eu acho que ele se relaciona mesmo (Inclinando-se para frente em posição de confidência.) é com o próprio pinto. (Retomando o tom anterior e buscando.) Não sei se isso faz sentido...

FULANO DE TCHAU: Nara diz não quer ser objeto, não quer que eu faço pornografia internet, não deixa eu sair com outras mulheres... A cobra tem fome, doutor... E se a cobra tem fome... Sabe o que eu faço?

NARA: Fulano já até sugeriu...

NARRADOR: Tiro um maço de cigarros velho e amassado de um bolso. Do outro, saco um isqueiro. Sob o olhar surpreso do casal, acendo um cigarro em plena consulta. Visivelmente indignada, Nara abana o ar próximo ao nariz para espantar a fumaça.

128   embriões de aniquilamento do sujeito

NARA: Mas pode fumar aqui, doutor? (*Pausa para o* DOUTOR *responder.*
             Constrangendo-se imediatamente.) Claro, claro, o senhor é que
             manda…

FULANO DE TCHAU (*também abanando a fumaça, incomodado*): Já falei pra Nara
             satisfazer outros homens.

NARA (*para o marido, quase perdendo a paciência*): Não, não é isso! Você devia
             voltar pra aula de português. Você tá falando tudo errado e
             assim fica difícil comunicar. (*Tosse e abana.*) É que o Fulano
             é muito liberal. Nem sei se isso é um traço cultural em
             Tchau… Sei lá. Ele disse que se eu não estiver me satis-
             fazendo com ele, posso procurar outros homens. (*FULANO*
             faz expressão de que isso é uma obviedade.) Mas eu não acho que
             isso vai funcionar!

FULANO DE TCHAU: Pode experimentar mulheres também.

NARA: Ficou louco, Fulano? (*Para o* DOUTOR.) Ele acha que se eu
             tivesse algumas experiências diferentes, ia ficar mais rela-
             xada quanto a esse assunto. Mas essa de mulheres ele nunca
             tinha falado. (*Para* FULANO.) Tá louco? O que deu em você?
             Falando tudo errado e ainda aparecendo com novidade
             aqui na frente do doutor?

FULANO DE TCHAU (*inaudível*): Doutor… (*Espera e olha para o* DOUTOR. *Ele não*
             está prestando atenção.) Doutor!!! (*Pedagógico, quase enumera.*) Nara
             acha que vir aqui melhora relacionamento. Eu acho que
             estraga! Eu digo: Nara, isso vai destruir nosso sexo gostoso.

NARA (*estabelecendo um diálogo mais sério e mais direcionado ao* DOUTOR. *Quase*
             confessional): Acho que não deve existir terapia sexual nem
             sexólogo em Tchau. Fulano resistiu muito, sabe, doutor?
             Não queria vir aqui de jeito nenhum. Ficou me pergun-
             tando se o senhor era fornecedor de fantasia de bombeiro,
             de enfermeira, de chicote, essas coisas. Só pra me irritar.

FULANO DE TCHAU: Isso talvez funciona melhor que conversa. Aposto
             que sim.

NARA (*para o* DOUTOR, *estabelecendo cumplicidade na indignação*) Tá vendo? É
             totalmente fora de proporção! Eu e o Fulano, acho que a
             gente vive em dois mundos completamente diferentes…
             Pra ele, é uma questão de relaxar, mas quando ele está
             comigo, ali na hora, fica pensando em outras mulheres…

guilherme lessa

FULANO DE TCHAU: Vou tentar explicar. A Nara é muito complexa, doutor. Sempre quer alguma coisa mais. Nara quer ser tratada especial. Outro dia, por exemplo, falou: "Fulano de Tchau, quero um copo de água." Eu perguntei: "Do filtro ou gelada?" Ela respondeu: "Misturada"! (*Indignado.*) Isso é como ter que pegar dois copos de água, doutor!!! É folga! Nara é tão especial gosta de água misturada! Nara folgada!!!

NARA (*partindo pra briga e gritando*): Você voltou a beber kumis!!!

FULANO DE TCHAU (*igualmente descontrolado*): Não voltei nada!

NARRADOR: E logo ambos param de discutir para se concentrar na minha reação. Desta vez, resolvo me levantar e me dirigir para a porta.

NARA: Onde o senhor tá indo? (*Ouve a resposta do* DOUTOR.) Tá bom, tá bom. A gente para de brigar então. Tudo bem. A gente já parou. Não paramos?

FULANO DE TCHAU: Sim.

NARRADOR: Volto a me sentar. Mais uma vez, tiro o maço velho e amassado do bolso. Abro. Para meu profundo desgosto, descubro estar sem cigarros. Aconselho ao casal que volte na semana que vem. Em seguida, agradeço e saio. Ao passar pela secretária, peço a ela que desmarque todas as outras consultas de hoje.

SECRETÁRIA: Mas, doutor, algumas pessoas estão esperando por essa consulta há meses!

NARRADOR: Só tenho energia para fazer uma piada de péssimo gosto. Algo assim, como… "E o que pode acontecer? Você acha que a vida sexual deles ainda tem como piorar?" Atravesso a porta que dá acesso à rua. Sigo direto pra casa, a pé, evitando o olhar das pessoas que cruzam meu caminho. Quando enfim chego ao meu lar suburbano e mal iluminado, deixo os sapatos do lado de fora, caminho de meia até o banheiro, abro o gabinete de remédios e tiro dele uma caixa de Rohypnol. Finalmente, deito-me na cama com uma expressão vazia e, olhando para o teto, engulo a drágea que apressa a chegada do dia seguinte. Ainda são três e vinte da tarde.

Cena.
Eu, Por Exemplo

Num ponto de ônibus, um homem está sentado, observando fixamente uma grande amendoeira.

SENHORINHA *(sentando-se ao lado do desconhecido)*: Com licença. *(Casualmente.)* Bom-dia... *(Observa as pessoas passando na rua. Vê algo que a deixa animada e se dirige a um transeunte.)* Ai, que gracinha! *(Travando contato visual.)* Lindo o seu cachorrinho... É maltês, né? Lindo, muito lindo! *(A pessoa segue seu caminho. A SENHORINHA continua sorridente. Dirige-se ao homem que senta ao seu lado sem se dirigir diretamente a ele.)* Ah, eu falo mesmo. Por que vou deixar de falar? Achei o cachorro bonitinho e falei. O dono pareceu ter ficado feliz. Quem tem cãozinho gosta de receber elogio. *(Pausa.)* As pessoas têm que ser mais sinceras. Falar o que elas acham sem medo. Aí dá pra mudar. Mas por enquanto os sinceros são poucos. São muito poucos! Ninguém tem coragem de botar o dedo na ferida do outro. Claro, pode irritar ou machucar, mas isso fortalece a pessoa. Eu, por exemplo, acabei de brigar com uma amiga minha porque eu falei mesmo! Na verdade, não era assim muito amiga. Uma conhecida. A gente estava no sacolão. Minto. Eu cheguei primeiro no sacolão. Acho que estava pegando batata doce quando ela entrou no sacolão. E o cabelo dela, vou te contar. Estava horrível, horrível, horrível, daquele tipo velha louca, com umas partes louras, outras acaju, outras azuis, fazendo umas sombras, umas luzes... Quem tem cabelo azul? Eu achei um horror! No começo eu nem ia falar nada, mas eu vi que o próprio pessoal do sacolão — as outras clientes e até os funcionários — começaram a rir dela pelas costas. Pelo menos foi a impressão que eu tive. Aí a gente se cumprimentou e ela estava muito animada, se achando linda, claro, tinha acabado de sair do salão. A gente conversou um pouco, aquele papo furado quando encontra alguém, e eu nem ia falar nada. Mas aí ela resolveu me perguntar o que eu tinha achado do cabelo dela. E eu falei mesmo. Vê se eu não ia falar… Ainda mais porque ela tinha perguntado. Eu falei e ela virou bicho. Perguntou quem eu achava que eu era pra falar aquilo dela… A mulher fez um escândalo! Eu ia deixar de falar? Minha filha, quando nasceu, tinha umas orelhinhas um pouco grandes. Eu esperei ela crescer antes de falar, mas assim que as coleguinhas começaram a fazer troça dela na escola, eu falei mesmo. "Olha, filha, é importante a gente saber quem é. Eu, por exemplo, tenho muito pouco peito e o pessoal da escola sempre me chamou de tábua. Então eu tive que aprender na marra a me acostumar com isso. Eu estou te falando que as suas orelhas são grandes pro seu próprio bem. Aí, quando te chamarem de orelhuda, isso não vai ser novidade pra você." (*Pequena pausa.*) É claro que pra uma menina de seis anos demorou um tempinho até ela entender que isso era pro bem dela. Mas depois dos quinze ela nunca mais falou sobre esse assunto. E isso prova que foi importante eu ter sido sincera com ela pra ela superar aquele trauma mais rápido. (*Pausa.*) Você acredita que eu nunca vivi uma relação cem por cento sincera? Eu sempre era a única pessoa sincera do casal. E sempre me dei mal. Porque é assim. Infelizmente, no mundo é assim. Nos cinco empregos que eu já tive, eu fui demitida por quê? Porque fui honesta. Eu não tenho nenhuma carta de recomendação. Minha honestidade não é recomendável. "Sai de perto dessa mulher: a sinceridade dela é contagiosa!!!" (*Pausa.*) Que livro o senhor está lendo… vamos ver: *A Arte da Guerra*. Mas o senhor não me parece, a princípio, alguém que gosta de guerra. Até mesmo pela roupa, que não tem nada a ver com o estilo militar. (*Ajeitando o colarinho dele.*) Só dar uma arrumadinha aqui nesse colarinho e pronto. Sabe que hoje já tem homens que vão na manicure, né? Não sei, talvez o senhor toque violão. Isso poderia justificar essa unha… Quem sabe… Mas eu já conheci gente que toca violão e tem as unhas impecáveis. Não que seja importante um homem ter as unhas impecáveis. Mas que as mulheres gostam de um homem arrumado, ah, isso gostam. Eu, por exemplo, nunca me casaria com um homem que tivesse... que não tivesse as unhas bem cortadas. Mas isso sou eu! Tenho certeza que o senhor não tem o menor problema em conseguir pretendentes. Até porque, pelo relógio, parece que tem um bom dinheiro. E nesse mundo o que importa mesmo é dinheiro, não é mesmo? Grana, *money*, como eles dizem. O que importa é quem pode comprar e quem não pode. (*Rindo.*) Principalmente quem não pode! (*Novamente séria.*) Os valores verdadeiros, esses esquecidos, vão pelo ralo da sociedade. Gente que é honesta demais, que fala a verdade, que não se omite, essa gente se lasca, meu amigo! Vai por mim, porque eu sei! Eu vivo isso na pele, todos os dias. Meu ex-marido me dizia que a minha sinceridade ia acabar se vingando de mim. Mas o que isso quer dizer? Eu não entendo e realmente não suporto gente que fala por meio de sinal, de metáfora, de paráfrase, analogia... Quer falar? Fala logo! Fala na cara! Não fica rodeando pra amenizar o que vai dizer. Se vai dizer mesmo, qual é a diferença de falar diretamente e a pessoa entender imediatamente ou falar por meio de charada e a pessoa levar aquilo pra casa e ficar matutando, sem entender, se sentindo péssima? Eu me sinto péssima quando alguém fala comigo alguma coisa que eu não entendo na hora. Até costumo pedir pra pessoa ser mais clara. Mas quem é que está disposto? É muito melhor usar um monte de código pra amortecer a verdade, lavar as mãos e dizer "não é comigo". (*O senhor se levanta e faz sinal para o ônibus.*) Esse é o seu ônibus? O meu não passa de jeito nenhum... (*Brevíssima pausa.*) Acho que vou nesse mesmo com o senhor. Não vai exatamente pro mesmo lugar, mas vai mais ou menos no rumo e a gente já se conhece, então o tempo passa mais rápido. Eu, por exemplo, gosto de andar de ônibus com gente que eu conheço. Pra conversar. Detesto sentar do lado de estranhos... Por isso sento sempre na cadeira do corredor e faço cara de poucos amigos quando alguém dá sinal que quer sentar do meu lado...

(*O ônibus finalmente para em frente ao ponto.*)

SENHORINHA: Você vai me deixar entrar primeiro, né?

(*Ele não responde, mas se move lateralmente à esquerda cerca de vinte centímetros. Ela sobe animada as escadas e se dirige ao trocador. Quando se vira, observa as portas do ônibus se fechando atrás de si. O homem está do lado de fora, seus olhos novamente fixados na amendoeira.*)

FIM.

Guilherme Lessa é tradutor, dramaturgo e roteirista. Além da dramaturgia de *Nesta Data Querida* (Companhia Luna Lunera, direção de Rita Clemente), escreveu *Bricole ou Foi Por Isso que Matei Mamãe* (Companhia Qvid?, direção de Marcelo Cordeiro) e fez a finalização dramatúrgica de *Nossa Pequena Mahagonny* (Companhia Teatro Invertido, direção de Lenine Martins). Como roteirista, realizou o documentário em vídeo *A Hora do Primeiro Tiro* (direção de Gustavo Jardim, vídeo vencedor dos prêmios de melhor vídeo do Festival de Tiradentes 2008 pelo júri popular, e de melhor vídeo da mostra A Tela e o Texto), e o média-metragem "*O Bagre Africano de Ataleia* (direção de Aline X e Gustavo Jardim).

Miração

Rafael Fares

dramaturgia do texto *Miração* é composta por uma tríade: Paisagem, Pensamento e **Mirante**. Essas figuras-lugares serão diferenciadas pelas fontes: itálica, regular e negrito. No decorrer da narrativa, a nomeação dessas figuras-lugares vai desaparecendo.

Cena 1: O Cipó

P<small>AISAGEM</small>: *Estamos no ocaso. É um campo de futebol com as traves enferrujadas, uma pequena plantação de bananeiras, um resto da mata atlântica e uma casa ao fundo. Na cerca que delimita o campo, há uma caneta. Sons da cidade e da memória. Paisagem, Pensamento e Mirante estão sentados em roda. A paisagem serve o chá.*

P<small>ENSAMENTO</small> (rindo nervoso): Eu estava ali, pois tinha decidido tomar o chá. Eu já havia tomado outras vezes ayahuasca e sabia de suas forças. Naquela noite, tomei a bebida com orientação de Paulo. Alguns amigos disseram que ele era uma pessoa boa e não tinha uma doutrina a ser seguida.

138   miração

(*Pensamento caminha pelo espaço em círculo,* MIRANTE *pendura a caneta na cerca. Música "tema introdutório"*)

PAISAGEM (*caminhando pela plateia*): Na casa, próxima ao campo, um homem despojado, cabelos longos e brancos, fruto da geração dos anos de 1970, com a simplicidade de um sertanejo. Sua comunidade tem influências dos povos amazônicos, mas sua condução é bem livre. A música é uma constante em toda a sessão. Quem toma o chá não precisa seguir nenhum roteiro.

MIRANTE (*sentada no chão no centro do círculo do pensamento*): **Sou só eu e meu corpo nesta roda. O sábio nos traz o chá. Ele serve, eu bebo. Ele fala, eu escuto.** (*Silêncio.*) **Sinto reações em meu corpo!**

PENSAMENTO (*abrindo o círculo*): Eu já sabia que estava vindo o efeito, então, decidi me distanciar do grupo. Passei por uma cerca de arame e pendurei minha caneta na cerca.

PAISAGEM: *O Mirante anda pelo velho campo, brinca com seu corpo numa dança estranha, joga com o equilíbrio, entorta, é o início da digestão do mariri chacrona. Ele ri um pouco nervoso. Os sons da paisagem começam a se distorcer. Ele se espreguiça aproveitando a trave. Depois senta no centro do gol, lânguido.*

PENSAMENTO: Quantos não foram os jogos jogados neste campo. Quantas não foram as pessoas que aqui estiveram e por vontade de estarem juntas, dentro das regras das quatro linhas, guerrearam e se divertiram. Só neste campo de futebol são várias as histórias.

MIRANTE (*se lança para o chão*): **Sinto algo em minhas veias. Eu já começo a ficar sob o feitiço. É a experiência a matéria de tudo.**

PAISAGEM: *Você já sentiu que ia perder-se em seu movimento?*

PENSAMENTO: Ah! A força do texto dos beatniks que se lançaram as mais desmedidas experiências e vieram até a América do Sul para tomar este chá. Escrever, para eles e pra mim é tradução. Ah! Amo quando Rimbaud, Oswald, Gil, Caetano, Torquato e Waly Sailormoon fazem música e poemas com suas experiências.

MIRANTE (*num tom recitativo*): **Vem cipó, retira de mim o tédio, me coloca em contato com a vida pulsante, e me ponha novamente no meu caminho.**

rafael fares

PENSAMENTO: Várias são as formas de sermos arrebatados por momentos como esse que passei, pulsantes de intensidade.

PAISAGEM: *O Mirante esfrega a mão no gramado. E passa a se arrastar no chão. Não há limite entre ele e a grama. De repente sofre ânsias de vômitos, se debate com seu próprio corpo. Ele é tomado por uma turbulência da bebida em seu estômago. Respira forte diversas vezes, volta a pensar e a substância volta a lhe arrebatar. Respira novamente e se ajoelha com certa calma como se soubesse que viveria aquilo. Começou.*

(*Interferências sonoras.*)

Cena 2: Psicotrya Viridis

PENSAMENTO: Nuh! Perdi quase tudo o que bebi. Não foi possível segurar. Será que os outros viram? Nossa senhora… É muito forte. Esse chá é muito forte. Mais forte do que todos os outros.

MIRANTE: **A bebida está se enraizando em mim. A terra pulsa, borbulha comigo. O que saiu de mim me desfez, desfazendo a minha fronteira com o mundo.**

PAISAGEM (*surgindo em lugares inusitados*): *Ele vê seu vomito vermelho, encosta assustado naquilo que é chá e sangue. Nem por isso se sente mais fraco. Trata-se de uma troca sanguínea com a terra.*

PENSAMENTO (*perdendo o equilíbrio*): Eu estava sofrendo uma transformação! A minha soberba em relação ao meu autocontrole se esvaiu. Eu nunca tinha sentido as coisas assim… O meu tato não é mais o mesmo. Posso sentir novas formas. É a ayahuasca, uma substância fora de mim.

MIRANTE: **Me sinto enraizando. Eu como todas as outras árvores. Ah, a umidade do solo.**

PAISAGEM: *Ele procura com os pés o chão frio, acompanha as árvores em suas posições naturais.*

PENSAMENTO (*ainda em círculo*): Haux, Ibã estou aqui com o cipó, lembrei de você. Se não fosse os Kaxinawá, será que eu teria o sentido disso? O mundo encantado, não é? Um lugar de imagens entre a morte, a imaginação e o sonho, o mais vivo: a Miração.

140 miração

(*A paisagem sonora se intensifica e o Mirante, em pé, fixa o olhar num ponto. É a chegada de um grupo de luzes. Cada uma delas emana de um ponto mais intenso e segue até quase o chão, num enfraquecimento gradativo. São feixes apontados para baixo. Efeito de pirotecnia da iluminação com sonoplastia. Os atuantes param de frente para a plateia. Música "a miração"*)

Eu estou vendo luzes. Luzes!
Eu não acreditava que via luzes.
Elas têm uma forma. São seres.
Serão espíritos? Será que é isso o mundo invisível que os indígenas tanto falam?
Ei, vocês... ei, vocês!!!

(*Todo o cenário ganha uma auréola de luz. Os atuantes se afastam com medo. As luzes fazem movimentos irregulares perto de uma árvore.*)

Devem ser pessoas com lanternas... Ei, vocês... Quem está aí?
Não. Eram luzes mesmo. Não havia ninguém por perto.
Puta que pariu! Eu estou vendo a passagem para o outro lado, o mundo encantado.
Não é nada. Não é nada. É a química atuando sobre minha percepção. Isso não deve ser nada.

(*Virando o rosto para outro lado. Sente um medo profundo. Tem uma percepção e nos conta: os três atuantes juntos.*)

Por que não ser místico?
Se a vida é um mistério
Se depois da morte tudo será
Deus é um buraco no peito do sujeito
E o amor é força que leva, muito antes de Adão e Eva
E ninguém sabe por onde, para onde e como saciá-lo.

(Um riso nervoso eclode.)

Eu, que sou completamente materialista, tive a alegria de ver o que estava vendo: a beleza! Que bonito chamar algo que você não sabe o que é de beleza. Não cabia dentro de toda a concepção que eu tinha, quer dizer, tenho. Um delírio.

De lírio. Da lira, da poesia lírica, do poema que é qualquer concepção de gênese, qualquer mito de criação do homem e do que vêm a ser os mundos.

O importante é que haja uma comunidade que suporte o delírio. Mas a partir daquele momento mudava tudo o que sempre chamei de real.

O invisível se mostrou para além da matéria.

Foi um momento de virada, eu era altamente racionalgregoeurologos...

O Mirante deita-se em estado de vigília. Silêncio (Pausa.) As luzes da miração cessam. Há somente uma luz fraca que o acompanha. As imagens surgem cinematograficamente e contracenam com o Mirante. Nelas o avô veste roupa de exército, assim como vários outros numa grande concentração, onde todos militarmente jogam capoeira. (Pensamento e paisagem dançam capoeira.) Zum zum zum zum zum zum capoeira mata um.

Vô, o senhor está jogando capoeira? Por quê? Vô, o senhor vai para a guerra? Por que esse uniforme, não vá vô, essa guerra é uma tolice. Não, vô, eles não vão te levar. Gosto de saber que o senhor pratica capoeira, mas guerra, não. Por que todos estão gingando juntos? O Brasil treinou seus combatentes com a capoeira?

Incrível, vejo meu vô. Era verdade o que ele dizia. A materialização de um delírio, e porque era meu avô, com tanto afeto ancestral, que descobri ali minha linhagem. Independente da minha vontade eu tinha uma herança. E o mistério da vida e da minha percepção se revela no passado.

Eu era neto, avô, bisavó, tataravó.

Ele se sente envolto numa placenta.

Avô perguntou bisavô:
"Onde é que tá tataravô
Tataravô, onde é que tá?"
Tataravô, bisavô, avô
Pai Xangô, Aganju
Viva egum, babá Alapalá!
Aganju, Xangô
Alapalá, Alapalá, Alapalá
Xangô, Aganju

142   miração

Não cabia mais em meu ser as concepções que minhas leituras filosóficas faziam com que eu entendesse a existência, num instante tudo estava por água abaixo. Eu estava sendo tragado.

O Mirante recebe uma borrifada de água na cara. Ele já quase se perdia no outro mundo: o encantado. Era preciso que ele voltasse. O Mirante, rindo, se levanta do chão. Voltamos para a iluminação da miração.

Cena 3: Insight

Eu vi! Eu vi e isso é fato. Há um mundo invisível que nos circunda. E ele é concreto. Não se trata de espíritos sem corpos. Tudo é muito mais do que nossos limites podem nos deixar ver.

Cai o véu de maia. Os olhos humanos suportarão a clarividência?

Não sei como vou contar isso, ninguém vai acreditar. A verdade tem suas regras para que possamos nos comunicar. Se eu agora vejo, e ninguém vê comigo, quem acreditará em mim? Serei só mais um louco.

E agora...

Para que busquei tal visão? Achei que tudo estava visto. **Não ficou claro de onde as luzes vêm. Depois será possível voltar a vê-las?**

E agora, como voltarei para meu povo? O que farei com isso?

Um lunático? Um sábio? Um alucinado?

Terei eu possibilidades de percepção mais apuradas, de maneira que os outros não têm?

O Mirante se aproxima da luz e imita seu movimento. Aos poucos, eles produzem movimentos sincronizados. As luzes os conduzem na direção de uma bananeira. Ao aproximar-se, o Mirante vê um morcego. Eles se olham olhos nos olhos por alguns instantes.

(*Atuantes comem banana.*)

Você vem para cantar
Eu pensei que você vinha
Você vem para cantar
Eu pensei que você vinha
Ou você não vai
Ficar em pé parado
E cantar alto
Ou você não vai
Ficar em pé parado
E cantar alto

Como surgiram as culturas? Haveriam visões como esta no início? Como os Maxakali desenvolveram tantos rituais? Cada bicho, cada planta, cada objeto: é espírito e é um corpo, eles carregam afeto.

Um mundo novo acaba de se abrir.

Naquele dia eu deixei de cogitar e aceitei.

Isto é uma mensagem!

Dava-se início a um estilo, a uma profecia, a uma cultura.

O cipó, a sinuosidade da cobra. O medo animal do humano. A cobra é que narra. Na pele dela estão os desenhos da arte humana. O humano bebe o cipó, a sinuosidade da cobra.

De repente a noite volta à cena. As árvores ganham a cena. A lua está lá e as estrelas despontam no céu. Ele olha surpreso mais uma vez, no entanto o céu é indiferente às suas dores e alegrias.

Posso ver todas as constelações dos doze signos. As constelações num único céu, de uma vez só. Nunca foi possível ver todas as constelações assim.

Ah... Quanta pretensão...

Os antigos viviam completamente o céu. Sabiam guiar-se pelas estrelas. Foi preciso uma observação prolongada para se entender passo a passo os meses, os anos, os signos. Quantas civilizações a lua não viu desaparecem?

(*Em oposição, Paisagem e Pensamento caminham descrevendo a forma do infinito.*)

O zodíaco. Todos os signos na circunferência da abóboda celeste. As cartas. O tarô. O Leão egípcio, na cabeça, deus do sol, o touro, a virgem, a libra, o sagitário. A mitologia grega. Pégasus. A Astronomia. Os deuses indianos. Krishna, que se metamorfoseia em Cristo, que é a tradução de Oxalá. Visões de um menino debaixo da árvore tendo a iluminação: Buda. De dentro dele sai como num **zoom** o Brasão do Clube Atlético Mineiro.

Tudo que ele fala pode ser visto em imagem. E a imaginação do sonho toma sua percepção num ressalto. A luz das coisas pode mudar, a composição da cena pode mudar, toda visão é uma colagem.

Todos temos nossos ancestrais. Todos nomes, todos deuses e todos Pais.

Os meus antepassados deixaram diversos traços meus que eu nem tenho consciência. Mas inconsciente que sou, de repente tenho toda a história da humanidade condensada em mim.

Tudo está condensado aqui como num fractal. É como um furo no tempo, um buraco negro, um sonho que implode o próprio tempo.

Ele deixa o símbolo do infinito. E corre para dentro da mata.

O fluxo da vida transcorre independente de nós, as possibilidades são estonteantes e por desvio se tornam plataforma para outro deus, outro pai, outro nome, outra traço. Várias variáveis invariavelmente. Deglutições antropofágicas. Uma velha negra na África e suas migrações e suas transformações pelo mundo. Para cada caminho e para cada paisagem, uma experiência e seus Deuses; tantas divindades quantos forem os delírios e suas forças para seduzir, cooptar e permanecer criando transcendências.

Pulsa em todos os seres o mesmo mistério. Wally Salomão nos grita que A vida é sonho. A vida é sonho. A vida é sonho. A vida é sonho.

De repente, eu tinha um *insight* depois do outro. A vida é um sonho; o mundo, miração.

Ele volta e cai se contorcendo, num êxtase. E uma profusão de imagens de artistas e de magos de nossa cultura surgem na montagem cinematográfica.

rafael fares

Jim Morrison canta e dança com o olhar vidrado, os Beatles meditam na índia. Gilberto Gil, na justiça e seus retiros espirituais. Roberto Piva toma chá de cogumelo.

Visões, visionárias, viagens lisérgicas, antepassados indígenas numa praia da Califórnia. Lucy in the Sky with Diamonds. O *insight* dos dedos de Jimi Hendrix e sua lisérgica experiência. As vivências de Carlos Castanheda. Rimbaud e suas visões de absinto. As profecias de William Blake. O Aleph de Borges. Miguel Capobianco Livorno. O dia 23, epifania para os amigos...

O dia 23, 23, 23. The songs remain the same.

O rito, o mito, o ritmo.

Cena 4:
Afetos

(*Todos fumam.*)

Meus amigos... minha comum idade.

Naquele momento, eu pude sentir que estava com os amigos. Eu tinha o poder de estar um instante em suas vidas, em seus corpos, incorporação. O afeto me concentrava em quem ele queria.

As luzes cessam, ele para, pensa, é tomado por impressões fortes, cada amigo lhe projeta um corpo e um estado de espírito. O ambiente é uma sombra movente. Marcelo

Sinto paz em estar nele.

Plaina como ave entre a vida e a morte. A imagem de serenidade da mãe se despedindo é o que acalma tudo. Decorre-se na música.

Ah, que destreza sinto nos dedos, que poder, como é bom tocar guitarra.

Tem tanto carinho pelos outros que isso aumenta seu talento.

146   miração

E... Júlio, sim, e o Júlio?

Angústia. Quer muito, idealiza, tanto que às vezes não sabe o quê.

A Pantera negra caminha segura dentro da floresta.

Como me falta tranquilidade. Não tenho tempo a perder. Alguns seres são menosprezáveis.

Enquanto alguém fala, sua inteligência já captou o subentendido e quer dar a resposta.

Para ele tudo é muito.

Ah... sim, e o Roberto?

Mal-estar. Revolta.

A vaca rumina seu destino no mesmo pasto. Estar em casa é estar reprimido. Inércia!

Não consigo deixar a casa dos meus pais.

Uma repressão velada de muito carinho torna as coisas mais difíceis. Alice...

Afeto. Amor distante.

A cobra tem a sinuosidade do cipó. Capaz de fazer formulações incríveis. É impulsiva, mas no fundo tem medo.

No fundo, uma dispersão: querer tudo sem se ligar a nada.

Não dá para descrever agora o que acontecia naquela paisagem. Ele ali, com corpo desajeitado, com as pernas tortas e o peito no chão, mas completamente conectado com o que tinha de mais afeto. E minha mãe.

A grande sabedoria do amor incondicional. O amor de uma mãe para um filho.

Eu carinhosamente agradeço minha mãe que me ensinou o mais radical amor de todos. Ela aparece em minhas impressões sempre com o olhar da mais sábia ternura.

Ternura da consciência que até o menor olhar deve demonstrar o que se deseja transmitir.

Havia ali um poder na capacidade de concentrar e meditar. Uma inteligência anormal de fazer conexões, numa catarse visionária.

Essa capacidade me dava, se eu tivesse calma e decantasse o que eu sentia, uma maneira mais adequada de lidar com cada um. Eu poderia indicar caminhos que eles próprios não percebem.

Às vezes basta a gente fazer a pergunta: é isso mesmo que você quer?
Romper a barreira e ver a perspectiva do outro.

Eu desejo o que eles desejam, eu podia pensar com eles por dentro.

O que serão esses poderes? Mediunidade? Estou ficando louco?

O que farei se a partir de agora eu puder sempre ler as impressões de quem eu gosto? É um chamado?

Serei agora obrigado a ter que me ater ao outro.

O saber que tanto buscamos, vem numa grande torrente e nos dando mais do que é tragável, transborda, fica over, retira a graça. O mistério a se desvelar sempre, pouco a pouco, a indicação do oráculo, que não dizendo tudo, deixa o algo mais.

Mas me angustiava bastante a dissolução de mim e a responsabilidade pelos outros.

O Mirante chora tampando os olhos, entendendo onde reside a angústia. Ele se vê como padre, um conselheiro, um pajé que continuamente segura a pressão controlando seus sonhos, dedicando-se às histórias e aos caminhos de seu povo.

Ah loucura,
coloquei meu rosto em tua superfície calma
e vi o outro lado de profundezas abissais.
Lá está um turbilhão de imagens proliferando
a cada instante sem que nem porquê.
Graças a deus, pude retirar meu rosto de tuas águas.
E ficar com o delírio que tu guardas.
A sanidade é uma dádiva.

A sanidade é uma dádiva, não quero ficar louco com tudo. Quantas angústias, quantos dilemas e quanta frustração não há nos corações humanos. A loucura não é a privação, é ver tudo.

Não queria nada disso. Parece que tendo todo o sentido, perderei o sentido, a direção do amanhã, e não terei por que acordar.

148   miração

(Música "declínio da miração")

A velocidade com que os *insights* e as associações se faziam em mim e a irresponsabilidade dos beatniks me dizia que tudo deveria se tornar escrita. Pôr no fluxo da escrita, escrevendo mais do que entendendo.

O Mirante se deixa levar pela música. A música é o corrimão da mente.

Cena 5
Oroboros: A Cobra Come o Próprio Rabo

Com rosto sujo de quem viveu uma batalha intensa consigo, Mirante sorri, respira fundo. Pela primeira vez volta a olhar para a roda, onde estavam as outras pessoas. Ele se levanta e se limpa um pouco.

Ah,
não é que eu seja sem rumo sem norte,
sou o que sou, sou filho da morte.
Não é que eu seja sem rumo sem norte,
vivo a vida, sou filho da sorte.

Ele se lança contra o vento. O vento ganha corpo e ele se deleita.

Ô, forças maiores, juro que sou grato. Agradeço mais uma noite de revelações, e quando for o momento voltarei. Quero estar com os meus. Tocar, acariciar, o carinho do outro é a continuidade de todo esse pensamento.

Onde termina o pensamento, começa o mar do amor. Talvez não possamos contar tudo... Seria demais... Muita coisa é incontável. Fiquemos somente com as experiências que amamos. Amar é dos mistérios mais transcendentais.

Eu aceito a condição de não saber, de continuar em meu filho a ignorância sobre a vida e aceito a morte como um caminho que não tem fim. Ao pão nosso de cada dia, às pequenas descobertas, aceitar as repetições. Escutar música, ver um pôr do sol e esperar que ele se repita no próximo ano.

Mirante olha para suas mãos. Ergue a cabeça e olha para a roda.

> **E minha caneta? Não escrevi nada. Eu preciso escrever um poema agora!**

(*O Pensamento retira a caneta*)

> Diante de tudo, talvez seja o amor a vivência mais significativa da ignorância do todo.
>
> *Ali tive a certeza, restava a escrita. Escrever é dar forma, acompanhar o fluxo do vivo, numa busca incessante por toda a vida.*
>
> *Ele deixa o campo e vai ao encontro dos outros. Encontra com uma participante da roda que diz:* "*Você não vai acreditar no que aconteceu comigo, cara, nós temos conexão com o todo... Sabe? E você? Você também viu alguma coisa?*"

FIM.

Rafael Fares foi ator do Grupo Oficcina Multimedia de 2000 a 2003, tendo participado de peças como *A Casa de Bernarda Alba* e *Zaac e Zenoel*. Desde então se dedica ao cinema, à poesia e à performance. Desenvolve seus trabalhos no ateliê Alcova Libertina desde 2010 – projeção de vídeo, documentário e curta-metragem –, e no grupo de pesquisa Literaterras/UFMG, produzindo livros e filmes indígenas, onde também cursa o doutorado sobre mitologia indígena. Sendo Miguel Capobianco Livorno, publicou em 2011 o livro de poemas *Exemplar Disponível ao Roubo* pela editora Autêntica. Em 2014, publicou seu primeiro livro solo de poemas, *Fio d'Água*, pela coleção Vagabundos Iluminados, editora Aletria.

O
estado
da Besta

Marcelo Dias Costa

Personagens:
Acionista em videoconferência
Jornalista Matilda Mafald
Margareth
Menino
Operário
Rufos
Copeiro/9818
Câmera
Violento do cacete
Violento da soqueira
Violento da corrente
Violento do serrote
Camareira

uarto de hotel. Cama posta com colcha branca e travesseiros também de cor clara. Logo acima da cama há, posicionado, um exagerado relógio, e, do lado esquerdo da cama, uma escrivaninha com luminária e telefone. Do outro lado, mesa de escritório embaixo de uma grande tela de projetor.

ACIONISTA EM VÍDEOCONFERÊNCIA: Rufos, Aldebar Rufos... Eu sei que você está aí, velhaco! Até quando vai continuar se escondendo do mundo debaixo de uma cama? Quer continuar aí? Que fique! Mas que não o impeça de ouvir. A situação chegou a seu limiar. Toda a organização se desmantelou. As filiais foram ao chão. E os gerentes, esses, se juntaram ao governo na esperança de concessão de anistia. Agora estamos no mesmo barco. A diferença que nós, acionistas, ainda estamos submersos pelo anonimato, enquanto você e sua carona formam a bandeira que tanto odeiam. Queremos ajudá-lo, mas antes, precisamos também que você nos ajude. Que elabore uma estratégia que acalme os ânimos por um tempo... Algo como um discurso, uma entrevista,

154   o estado da besta

são várias as possibilidades. Mas, recomendo que seja con-
vincente e que tome conhecimento sobre o que se passa
na entrada do hotel. Mais instruções virão. (*O acionista põe
óculos escuros.*) Desconfie de todos! (*Some a imagem do acionista.*)

(*RUFOS sai vagarosamente debaixo da cama, se arrastando, tomado por comportamento
de espionagem militar. Ele rola por cima da cama e verifica se no telefone de cabeceira
e em outros objetos foram instalados intrusos mecanismos de comunicação. Senta-se
de novo na cama. Resolve por fim colocar no canal de notícias. Aparece imagem de uma
grande reunião de manifestantes que promovem caos pelas ruas.*)

JORNALISTA: Continua o protesto dos ex-operários do grupo Birotech,
que perderam seus empregos após o decreto de fecha-
mento da organização intitulada pelo governo como a
maior quadrilha de sonegação dos últimos tempos. Mais
de quatro mil homens e mulheres estão aqui, na porta do
hotel Ibson, esperando algum pronunciamento do único
representante da empresa no país: O Sr. Aldebar Rufos. (*A
JORNALISTA dirige-se a um manifestante.*) Se o senhor pudesse dizer
algo nesse momento a Aldebar Rufos, o que o senhor diria?
OPERÁRIO: Vou te matar, desgraçado!

(*RUFOS desliga atônito a televisão e começa a andar de um lado pro outro temerosamente.
Entra uma mulher, MARGARETH, muito bem vestida carregando uma mala de viagem e
acompanhada de uma criança enigmática, possuidora de um farto bigode negro. No que
vê a criança, RUFOS dá uma cambalhota para trás apoiando-se na cama, que ao final do
movimento acrobático se desfaz no chão. Quando se levanta, finge estar armado, mostrando, através da roupa, silhueta de artefato bélico simulado pela posição dos seus dedos.*)

RUFOS: Quem és tu, mulher, que me aparece acompanhada desse
anão?! Provavelmente filho de Satanás que entra em meu
quarto para dar final em minha vida!
MARGARETH: Que loucura é essa que diz, Rufos?! Ao menos respeite
a doença de seu filho! Vá, meu filho, e espera a mamãe
no corredor.

(*MARGARETH anda pelo quarto calmamente e prepara uma bebida.*)

MARGARETH: Aproveitarei toda essa balbúrdia e vou embora com o
menino.

marcelo dias costa

RUFOS: Que vá, mas ao menos deixe-me vivo, criatura hábil na arte do disfarce!

MARGARETH: Ficou louco? Sempre soube que seria seu fim.

RUFOS: Mulher, a última instrução que tive foi para desconfiar de todos! De todos!

MARGARETH: Não de sua esposa e filho, imbecil! Ainda por cima, como pode zombar de seu filho de maneira tão perversa?! Ou será que não o observa há tanto tempo pra não perceber as mudanças provocadas pelo excesso de remédios?

RUFOS: Mas como posso ter certeza de que você é você?

(MARGARETH *faz gesto obsceno com o dedo.*)

RUFOS: Oh! Perdoe-me, Margareth! É que tenho andado com o coração na boca.

MARGARETH: Não é para menos. Acabei de passar pela multidão e ver que substituíram Judas, o Escariote, por Aldebar, o calhorda. São tantos amendoins que introjetam pelas várias vias de seu corpo que, para mim, se torna fácil imaginar seu coração saindo pela boca.

RUFOS: Não é tempo pra piadas, Margareth. Por Deus, mulher! Não vê que estou em farrapos?! E os que se encontram lá embaixo são verdadeiros carniças que se põem a me espreitar.

MARGARETH: Não é pra menos, o descaso com que foram tratados por essa terrível corporação da qual o senhor fazia parte incitou-lhes um ódio filisteu.

RUFOS: "Não é pra menos…". O que quer de mim, bruxa violenta, se não amassar-me no fundo do poço em que já me encontro? Definitivamente sua inquisição me angustia ainda mais.

MARGARETH: Não mais te angustiarei, assim como não perderei mais tempo com você.

RUFOS: Se somente foi esse seu intento, que vá! E, pelo que vejo, tão logo eu, você e o menino, nos encontraremos no firmamento.

(MARGARETH *olha pra* RUFOS *com expressão de farta decepção, e sai de pronto, num dramalhão compulsivo e evidente.*)

RUFOS (*exclama enquanto procura por remédios*): Não poderia essa serpente maculada em mulher encontrar outro momento para visitar-me? E onde estão esses malditos remédios quando mais preciso deles? O que queria? Que jurasse amor? Presença eterna?! (*RUFOS liga para a recepção.*) Sim, sou eu. Preciso que me seja enviado por hora um calmante. Isso, obrigado. Quem? Não falarei com nenhum jornalista. Por favor, não insista! Logo o tomarei também por figura desagradável. Estamos conversados. (*Desliga o telefone.*) Esses carniças... querem mesmo fazer-me de Maria Madalena! Mas pode ser que de fato tenha eu, através de um desses, a possibilidade de reverter essa hostil situação em que me encontro. Pois bem, concederei uma entrevista. Mas antes preciso inventar uma astuta mentira, que me possibilite de Deus obter a concessão da vida. (*RUFOS ajoelhado começa a rezar.*)

ACIONISTA EM VÍDEOCONFERÊNCIA: Vejo que tomou coragem, como grande homem que sempre foi, de mostrar-se em compostura... Faço esse novo contato para te deixar a par dos novos acontecimentos. A crise em seu país está tomando proporções preocupantes, que poderá, se dessa forma seguir, resvalar em nossos negócios em outros continentes.

RUFOS: Miserável, estou aqui preocupado se minha vida seguirá curso ou não e me vem você com essa tola preocupação anônima?!

ACIONISTA EM VÍDEOCONFERÊNCIA: Sei que em um primeiro momento pode ter nosso comportamento soado indiferente à sua situação. Mas que não tenha você isso como verdade. Nós, os acionistas, gostaríamos que entendesse essa situação lastimável em que nos encontramos, não como algo pessoal, mas como o maior desafio de sua carreira. (*Aplausos ao fundo da imagem.*) Quando escolhemos o senhor como nosso diretor acreditávamos verdadeiramente em sua maestria para administrar conflitos.

RUFOS: Vejo verdade nas suas palavras tendo como base somente duas linhas de raciocínio: Primeiro, acreditando terem vocês bola de cristal, explicação única para minha meteórica ascensão, no que fui de gerente de produção a diretor, pulando pelo menos seis posições no organograma de vossa empresa.

marcelo dias costa

Nunca entendi o fato ocorrido. Mas minha vaidade me trouxe cegueira outrora, e somente hoje percebo o intento de vossos pensamentos, e também a expressão: "bode expiatório". A outra possibilidade que vejo é a de, simplesmente dentre tantos, eu parecer aos vossos olhos como sendo o mais estúpido. Por vaidade e conforto prefiro ficar com a primeira, me dói em menor medida.

ACIONISTA EM VÍDEOCONFERÊNCIA: Não se martirize tanto, nem mesmo se faça por menor... Absolutamente! Precisamos unir forças... Você, por uma questão física, e nós, por necessidade de reverter essa situação. Os riscos foram subestimados. Nossas ações caem de forma assustadora. Não havíamos cogitado a hipótese de que uma revoltazinha de meia dúzia traria tantas perdas, nem mesmo que nossos erros se materializassem nessa problemática que hoje envolve sua pessoa.

RUFOS: Demônio! A meia dúzia a que o senhor se refere são quatro mil pessoas sedentas por sangue, que gritam meu nome como se fosse eu um violento ditador em meio à derrocada popular.

ACIONISTA EM VÍDEOCONFERÊNCIA: "No mundo tereis aflições, mas tende bom ânimo; eu venci o mundo", João dezesseis.

RUFOS: "A palavra branda desvia o furor, mas a palavra dura suscita a ira." Provérbios quinze, versículo um.

ACIONISTA EM VÍDEO CONFERÊNCIA: "Porque sete vezes cairá o justo, e se levantará; mas os ímpios tropeçarão no mal." Provérbios vinte quatro, versículo dezesseis.

(RUFOS *desliga o televisor.*)

RUFOS: Criatura terrivelmente irritante! (*Batem à porta.* RUFOS *se levanta e vai atender. Entra um copeiro com bandeja.*) Ande logo com isso. Pode deixar próxima à escrivaninha.

(RUFOS, *ainda pensativo pela conversa que teve, dá as costas ao* COPEIRO. *No que se vira, o* COPEIRO *aponta uma arma para ele, que logo se põe em espanto.*)

COPEIRO: Hum... Vejo que até o próprio cão teme a hora da morte.

RUFOS: O que é isso, rapaz?! Socorro, socorro... O sanguinolento anseia por final em chumbo!

158   o estado da besta

COPEIRO: Calado, patife! Essa gritaria serve só para aumentar o meu ódio. Ninguém vai te ouvir, estamos isolados. O silêncio só servirá pra prestar conta de tanto mal.

RUFOS: O que afinal quer de mim? Adianto-lhe que caso tenha eu feito algo maculoso, merecedor de morte, ando arrependido e em busca de salvação. (*Fecha os olhos consternado*) Êta, glórias!

COPEIRO: Quero mesmo acreditar nesse arrependimento, penso que somente arrependido encontrará perdão na passagem.

RUFOS: Mas ao menos posso saber o nome do meu algoz?

COPEIRO: E por que esse interesse por nomes agora?

RUFOS: Pra que eu não volte como alma penada. Sabendo seu nome terei propósito de buscar alguém específico nessa terra.

COPEIRO: Curioso o interesse do senhor... Nove Mil Oitocentos e Dezoito, nome e matrícula.

RUFOS: Não pode um número ser seu nome.

9818: Sempre acreditei nisso, mas como o senhor deveria saber, todos os funcionários eram conhecidos somente pelos seus números. Até um fato me traz graça. Casei com moça também funcionária da empresa, hoje, acostumados, nos chamamos também por matrícula, o nome de batismo recordamos somente quando necessário é consultar algum documento.

RUFOS: Corporação desumana! Como nunca pensei nesse símbolo tão perverso? Números?!

9818: Provavelmente por estar contente com os números da planilha. O senhor pode não se lembrar, mas sempre trabalhei na área comercial exercendo meu trabalho com dedicação. Destaquei-me anos após anos pelo meu desempenho, fizesse sol, caísse chuva. Mas quando estou simplesmente perto, dias do meu descanso, me vêm vocês e fazem a lambança. E se fosse só isso, mas não... Descubro que não existe depósito algum no fundo de minha garantia futura.

RUFOS: Pra morrer.

9818: Que bom que também o senhor pensa assim. Fica mais fácil quando existe concordância. Digo pela minha inexperiência assassina.

marcelo dias costa

RUFOS: Oh! Não me mate! Pra que seja diferente de mim, não cometa essa injustiça! Foi uma emboscada, articulada pra que eu fosse exposto e devorado. Fui mesmo traído como Cristo vendido por Judas!

9818: Levante-se, homem! Se recomponha pra que seja capaz de dizer algo que se possa entender.

RUFOS: Pode parecer que não, mas sou também um pobre diabo. Talvez diferente por ter sido laureado pelo mau intento dos acionistas. Quando disse ter trabalhando tantos anos na empresa, penso que certamente não tenha visto profissional em tão pouco tempo alcançar júbilo assim como eu. Ou há inverdade nessa minha fala?

9818: Realmente foi o que vi. Espanto tive. Ao mesmo tempo vi trazer a muita gente inveja por ter crescido em tão pouco tempo trabalhado.

RUFOS: É isso! É realmente nesse ponto que queria chegar... Precisavam de um tolo vaidoso pra que cego assinasse as mazelas feitas pelos acionistas. Depois, no pensar dos maldosos, o último que saísse que apagasse a luz. Pelo que pôde perceber, não fui avisado.

9818: Que sacanagem.

RUFOS: Mas ainda, que injusta, que a morte traga o acalento necessário pra minh'alma.

9818: E deixaram pelo menos algum dinheiro pelo pagamento dessa lambança? (RUFOS *gesticula com resposta negativa.*) Pelo que entendo, então foi vítima também desses todos. Mas isso não muda nada, continuarei lambendo panelas.

RUFOS: Se mostrar-lhe o contrato que assinei enquanto diretor, e que me veio só por agora ao entendimento, por clemência dava-me um tiro de paga pela estupidez cometida. A ingenuidade trazida por toda ambição que trouxe-me à penúria.

9818: O senhor fique tranquilo que não vou matar alguém mais fodido do que eu. Mas temo que o mesmo entendimento não tenha o povo lá embaixo. Inclusive, ouvi conversa sobre fazerem invasão por meio de garrafa explosiva. Coisa que aprenderam com uns outros revoltados do estrangeiro. Acho que é isso... Molotov! Foi esse o nome que ouvi.

160   o estado da besta

RUFOS: Que seja por tiro! Mas, não, que o senhor não deixe que
            eu seja consumido pelo carbono dos revoltosos!

9818:   E o senhor queira me desculpar, mas eu tenho que ir.

RUFOS: E vai mesmo deixar-me nesse estado? Sozinho?

9818:   Como dizem: a situação está "russa".

RUFOS: Molotov... Pra mim, configura-se literalmente russa.

9818:   O senhor fala estranho.

RUFOS: Tenho que pensar em como escaparei dessa situação.

9818:   Eu já me decidi. Vou aproveitar essa arma pra fazer-me
            assaltante.

RUFOS: E roubará o que nessa cidade? O lamentável ocorrido
            culminou em noventa por cento da população desempre-
            gada. As outras empresas terceirizadas foram incluídas no
            pacote.

9818:   Darei jeito com o restante dos dez por cento.

RUFOS: Bombeiros, policiais e uns outros pobres coitados.

9818:   O que então o senhor me sugere?

RUFOS: Que aceite fazer segurança de minha vida, enquanto penso
            numa saída satisfatória pra todos.

9818:   A cabeça que querem é a do senhor.

RUFOS: Ainda que esteja no tempo que precede meu fim, a morte
            ando esperando com a barriga cheia. Quanto ao jovem,
            mesmo que não ameaçado pelos cães, andará como quem
            pesca peixe a balas. De que te adianta uma arma se ela a
            sua fome não saciará?

9818:   Ao menos dou fim nesse meu sofrimento. (*Em prantos,*
            exclama o nome de sua mulher num surto.) Amora, amora!

RUFOS: O que é isso, rapaz?! Acaso a fome te incita alucinação
            por fruta exótica? Penso ser incompatível a fome em que
            calculo estar e o número de amoras temporãs que seja
            possível existirem nesse lugar.

9818:   Não reclamo por comida! Amora é minha mulher! Voltou
            para a casa dos pais em Butleyville, pelo motivo da fome!
            A fome, detestável, desgraçado Rufos!

RUFOS (*consegue, com muito custo, livrar-se das garras do animal instantâneo de* 9818)
            Se controle, rapaz! Por Deus! Onde anda com a cabeça?
            Esse desespero tenho como obra do maligno! E que seja

marcelo dias costa 161

menos uma boca que nos preocupemos nesse momento de cólera. Enquanto se lava, pedirei algo para saciar sua fome. Mas antes, dê-me sua arma. Não serão bem-vindas surpresas de todos os copeiros que aqui se puserem a entrar com seus mais variados gracejos.

(9818 *passa a* RUFOS *o revólver e segue desconsolado para o banho.*)

RUFOS: Nove Mil! É assim que daqui em diante o chamarei. O número em sua totalidade é por demais grandioso para que se possa repeti-lo com frequência. Mas pra que fique feliz e seja fiel a mim, divido ter conhecimento de algum trocado pertencente aos acionistas. Mas que poderá resolver somente a minha e a sua vida, não de tanta gente. (*Ainda tateando as marcas deixadas pelo quase mortal estrangulamento.*) Juventude impetuosa! Se não possuo técnicas marciais por pouco tinham meus olhos saltado da cara. Percebo que meu tempo chega mesmo ao fim. Farei imediato contato com a jornalista. (*Ao telefone.*) Sim, ainda estou vivo. Não é necessário que justifique seu espanto. Guarde suas desculpas. Sua surpresa serviu ao menos para que eu possa diagnosticar a situação. Se liguei é porque preciso! Não ligaria para uma recepção se não precisasse! Pois bem, por hora envie essa tal sopa de legumes como se fosse para servir seis pessoas. Uma outra solicitação que tenho é que faça contato com a jornalista Matilda Mafald. Diga que a receberei em meu quarto para uma entrevista. Mas que seja logo!

(*O tempo passa.* Quando ALDEBAR RUFOS *e* 9818 *vão se servir, batem à porta.*)

9818: Parece que a jornalista bate à porta.

RUFOS: Sim, é ela. Coma o resto da sopa no banheiro. Preciso que ela pense que estou sozinho para que fique à vontade.

(9818 *vai para o banheiro enquanto* RUFOS *abre a porta.*)

MATILDA: Sr. Aldebar Rufos!

RUFOS: Jornalista Matilda Mafald! Espanta-me sua beleza a ponto de dizer que a televisão não faz justiça a sua pessoa. Se

162   o estado da besta

me permite, digo que faz a ti tremendo estrago. O que me faz pensar que seja precavido de minha parte eu dar a entrevista sem imagem.

MATILDA: Oh, Sr. Rufos, e como passará a verdade sem que as pessoas possam ver seus olhos e através deles enxergar seus sentimentos?

RUFOS (*aponta para a câmera*): Não deixarei que essa máquina me desfigure. Se foi capaz de arruinar a senhora, em que enfermidade esse artefato me transformará?!

MATILDA: Fico lisonjeada com sua defesa, mas devo adverti-lo de que não podemos com melindres em dadas situações. Os policiais não conseguirão conter por muito os trabalhadores cada vez mais numerosos.

CÂMERA: Perdoa-me a intromissão, mas Matilda tem muita razão no que diz, estão incontroláveis!

RUFOS: Se entendem como sendo um melindre a tentativa de preservar íntegra minha imagem, o que me resta?

MATILDA: Não me tome por mal, Sr. Rufos, mas acho que pelo momento deve ter a preocupação de manter-se vivo.

RUFOS: Então vamos logo com isso. E como funcionará a tal entrevista?

MATILDA: Como estamos na eminência do pior, não teremos tempo para a organização total do rolo. Neste caso, será gravado de forma contínua, sem cortes. O que no muito conseguiremos fazer, é desfazer um ou outro "erro" que possamos perceber.

RUFOS: Sim.

MATILDA: Levará alguns instantes para regularmos a câmera. Enquanto isso, sugiro que o senhor fique à vontade. Estudiosos dizem que o relaxamento traz-nos um maior poder de raciocínio. É o que precisará para pensar e passar uma mensagem mais segura. Relaxe. Pense numa música... Dance. Isso... Tudo isso será de grande proveito para o senhor.

(*Incentivado pela cândida voz e movimentos da batuta maestra da* JORNALISTA, ALDEBAR RUFOS *dança uma música imaginativa, que se materializa em cena num apoteótico espetáculo de dança. Ao final, exausto, deita-se. O grande relógio e seu som definem ter passado algum tempo.*)

marcelo dias costa

MATILDA: Sr. Rufos? Acorde, senhor! Está tudo pronto para darmos início às filmagens.

RUFOS: Desceu sobre mim o verdadeiro cansaço de andarilho. Acabei de seguir com Moisés pelo deserto!

CÂMERA: Pra quando quiser, Sr. Rufos.

RUFOS: Pois bem, podemos começar por agora esse meu talvez último apelo, meu findo suspiro por vida. (*Início das filmagens.*) Meus senhores e senhoras, companheiros e companheiras de ofício, venho através desta mensagem dizer-lhes que não espero clemência se entenderem como justo o veredito de minha culpa após eu lhes expor toda a verdade. Tudo o que fiz...

(*Corta o som da fala de* RUFOS *quando começa música ao fundo que cresce sem respeito. Cortinas se fecham. É passado o tempo. No que se abrem,* RUFOS *e* 9818 *estão no quarto.*)

RUFOS: Estou ansioso para saber se o tal vídeo em tempo surtirá efeito.

9818: Se disse como me disse, acho que convencerá parte numerosa dos que estão lá embaixo. Diria que pode até a todos convencer. Muitos ali estão na ignorância, ou simplesmente desejosos por saber o que farão da vida. Esclarecê-los foi certamente o melhor caminho.

RUFOS: Penso que sim, Nove Mil! Provavelmente logo poderei sair desse maldito hotel e juntar-me a outros infelizes lá em baixo.

(*Início de repentina conferência. Imagem mostra também outras pessoas ao fundo rasgando papéis, carregando livros e desmontando todo um escritório.*)

ACIONISTA EM VÍDEOCONFERÊNCIA: Quem é esse que te acompanha? Preciso que fique só para que possamos conversar.

RUFOS: Precisou que eu ficasse só desde que me vi inserido nessa algazarra. Ele não precisa sair pra eu ouvir o que tem a dizer. Nove Mil foi o único que se prontificou a estar comigo, para no final juntar meus restos.

ACIONISTA EM VÍDEOCONFERÊNCIA: O que tenho pra lhe dizer se refere a nossos inimigos. Acabamos de descobrir que essa revolta é motivada por interesses políticos. E que está sendo

164   o estado da besta

inflamada pela empresa estatal de comunicação. Seus dirigentes têm total interesse em nossa saída por estarem de conluio com um de nossos concorrentes.

RUFOS: E se não me engano... Corrija-me se eu estiver errado, Nove Mil, a empresa de comunicação a que esse senhor se refere presumo ser também a empregadora da senhorita Matilda Mafald! Portanto, a jornalista em quem confiei toda minha vida é também minha inimiga!

9818:   Se acalme, Sr. Rufos, se não morre antes do esperado.

RUFOS: Do esperado só adianto poucos minutos se por agora morrer.

ACIONISTA EM VÍDEOCONFERÊNCIA: Vejo que cheguei com atraso para trazer informações.

RUFOS: Poderia eu esperar diferente mensagem nessa sua aparição? Todas às vezes que deu pelo exercício de trazer-me qualquer informação, não me lembro de ter chegado em tempo hábil. Um emissário do desespero.

ACIONISTA EM VÍDEOCONFERÊNCIA: Desconfio que seja a hora exata em que devo deixá-los. (*Em posição de cumprimento religioso.*) Elhuuuuuuiiiirr!!! Acabei de desejar-lhes um caminho de paz. (*Mostra um livro.*) Tenho aprendido bastante com a língua dos anjos.

RUFOS: Por Deus... (*Desliga a televisão.*) Esse homem definitivamente é um louco! E somente traz intempéries essa boca de Satanás!

9818:   E o que havemos de fazer por agora?

RUFOS: Quando penso na tal filmagem tenho como presságio a inquietante sensação de que deveríamos fazer nossas malas, deveríamos escapar por agora.

9818:   Mas não é o tal vídeo nossa única esperança?

RUFOS: Calafrios tenho quando lembro-me da expressão: "Podemos desfazer algum erro que possa aparecer."

9818:   Pelo que parece, está na hora. Começa agora o programa da jornalista.

RUFOS: Então, que acabemos de vez com essa espera devoradora. Nove mil, coloque no programa de Matilda Mafald!

MATILDA: Per-ple-xi-da-de... Palavra que definirá o sentimento não só dos ex-funcionários da extinta Birotech, mas também de toda uma nação ao assistirem a um vídeo em que o

marcelo dias costa

senhor Aldebar Rufos expõe o modo como reage aos protestos. A direção desta emissora gostaria de reafirmar que não tem responsabilidade sobre as imagens. E pedimos que aguardem somente alguns instantes para que possamos enfim dar voz a Aldebar Rufos.

9818:   Sr. Rufos, mas não foram eles que filmaram o tal discurso? Então qual seria o motivo de as imagens não serem da responsabilidade também deles?

RUFOS: Esse é o mistério que me atordoa. E me vem por agora um pavoroso mal trazido pela suspeita de entendimento sombrio. Talvez eu possa ser capaz de dar resposta a seu questionamento, mas não o desejo, abstenho-me em favor da felicidade!

9818:   Alguma vez já lhe falei que o senhor fala estranho?

RUFOS: Sua impressão de estranheza vem de sua aspiração em entender as coisas do alto sem que ainda conceba às tão menores. Não se esforce tanto, certamente lhe trará fadiga desnecessária.

(*Volta o programa da* JORNALISTA MATILDA MAFALD.)

MATILDA: Após dias de muitas expectativas em torno do caso Birotech, o Sr. Aldebar Rufos, através de vídeo produzido, deu fim ao silêncio. O que nos resta agora saber é em que desencadeará as imagens que agora assistirão.

(*As imagens são construídas através de uma edição cruel. Primeiro aparece* RUFOS *acordando, logo depois, dançando e, por fim, fazendo algumas caretas para a câmera, num comportamento saltimbanco. Quando é chegado o momento do discurso, quando finalmente parece ser o espaço onde* RUFOS *terá voz, sua fala é temporalmente atrasada pela edição, aparentando* RUFOS *sofrer de sérios transtornos psiquiátricos.*)

RUFOS: Que fizeram de mim? Acaso sou esse que apresentam? Que morresse, mas que não fosse eu perpetuado com esse bailarim anormal.

9818:   Se o senhor não se lembra desses feitos, como então foi que fizeram? Acaso estaríamos nos dando com algum tipo de encantamento?

RUFOS: Nove Mil, ando preocupado com suas observações, elas decrescem em astúcia. Eles provavelmente corromperam o

166   o estado da besta

curso das imagens com técnicas cinematográficas. Víboras! Esses eram os tais "erros" que poderiam aparecer. Tendo em vista o que de mim foi concebido no imaginário popular, digo que ou damos um jeito de partir por agora, ou sustento minha debilidade mental pela eternidade.

9818:   Penso que fugir por agora seja impossível, e somente o "tentar", muito perigoso.

RUFOS: Que o plano seja que eu comprove ser de fato um bitola. Mas temporariamente é que não me agrada essa máscara quando sou tão digno.

(*Volta a programação.*)

MATILDA: É com muito pesar que a emissora traz a notícia de última hora. Após termos proposto inserir em nossa programação as chocantes imagens de Aldebar Rufos, um grupo de trabalhadores conseguiu romper o cerco de proteção das autoridades e andam à deriva pelo interior do hotel. Ainda que comunguem de um sentimento inconformado por justiça, a emissora em nota esclarece que não se posiciona em favor de qualquer variedade de violência.

RUFOS: É chegado meu fim: "Variedade de violências!"

9818:   Ouço pessoas correndo pelos corredores.

RUFOS: Vejo a luz que se aproxima.

9818:   Sr. Rufos, estão entrando aqui.

(*Em devaneio,* RUFOS *começa a cantarolar.*)

RUFOS: É chegada a hora / Todos tempos que partir / Dê a mão ao anjo / E não tente resistir.

(9818 *toma* RUFOS *pelos braços, que ainda está em devaneio pela proximidade da morte. Ajeita-o na cama, conseguindo, por fim, que faça o silêncio. Ouve-se movimentação de pessoas ainda mais próximas.* 9818 *corre à mesa e toma posse de sua arma. Invadem o quarto.*)

VIOLENTO DO CACETE: Onde está o malandro?

(RUFOS, *ainda sem ser visto, ergue a cabeça num rompante sentinela, mas que em segundos volta a aparentar inércia cadavérica.*)

marcelo dias costa

9818: De que diabo estão falando?

VIOLENTO DA SOQUEIRA: De unzinho, que provavelmente vai ter chefia no inferno.

9818: Chegaram atrasados. A pouco, dei fim nesse que me devia.

VIOLENTO DA CORRENTE: Droga! Tanto nos esforçamos pra vir esse daí e nos tirar a glória da vingança?!

VIOLENTO DA SOQUEIRA: E o senhor, quem é? Parece que já o conheço.

9818: Trabalhava no comercial. Provavelmente nos esbarramos pela firma.

VIOLENTO DA SOQUEIRA: Ah, sim. Pode ser.

VIOLENTO DO SERROTE: Não estou aqui pra ouvir conversa. Se subi, foi com propósito. Ao menos um braço desse ali eu vou levar serrado. O que acham de dividir ele em partes e montarmos ele lá embaixo pra símbolo da nossa luta?

RUFOS: Ui!

VIOLENTO DO CACETE: Acho que seria o justo.

9818: Não vou permitir essa presepada com o defunto. Mesmo que não valesse qualquer honra, o corpo pertence a Deus. Não permitirei afrontarem o sagrado.

VIOLENTO DO CACETE: Acho que seria o certo.

VIOLENTO DO SERROTE: Você não acha nada! E o que fará com o corpo? E até quando vai ficar velando o defunto às escondidas?

9818: Estava por agora a fazer contato com Matilda Mafald, quando os senhores me interromperam.

VIOLENTO DO SERROTE: Que o senhor não se incomode com nossa presença… Dê continuidade em seus afazeres, enquanto isso, quero ver o desgraçado mais de perto. Teria gosto se esse resolvesse reviver como o leproso Lázaro… Serraria a cabeçona pra não ter perigo da cobra reviver de novo.

9818: É mais do que certo que pra todos seria um espetáculo, mas não acredito que seja possível. Foi um tiro tão certeiro no peito que já caiu sem reclamar. (*Impede a passagem dos violentos e os direciona até a saída.*) Como não consigo contato por telefone com a jornalista, gostaria que os senhores dessem aviso a todos sobre a morte desse dali.

VIOLENTO DA CORRENTE: Mas ao menos dois devem ficar para que possamos carregar o corpo lá pra baixo.

168　　　　　　　　　　　　　　　　　　　　　　　o estado da besta

9818:　　Fico agradecido pelo interesse em ajudar, mas isso já foi pensado junto aos do hotel. Por favor, precisamos começar os preparativos para nosso cortejo da vitória. Que sejamos nós que carregaremos as alças da última morada do patife!

VIOLENTO DO SERROTE: Fico menos incomodado em saber que o senhor vê justiça e nos honra.

9818:　　Que não passe por sua cabeça o contrário... As alças foram conquistadas somente pelos que aqui estão.

VIOLENTO DO SERROTE: Solene e mui digno é o senhor!

9818:　　Rumo à vitória!

(*Saem os VIOLENTOS.*)

RUFOS:　　Não sei se de fato o devo agradecer ou se me levanto contra sua virtuosa figura dramática. Por hora houve astúcia, no que ganhamos tempo, em contrapartida pode ser que somente adiamos o meu sofrimento. Não vejo possibilidade alguma em darmos sustento nesse seu roteiro ficcional. Como é que poderíamos manter essa morte farsante?!

9818:　　Foi o que em hora me veio à cabeça. Mas ainda me parece ser uma possibilidade de encontrar o possível dentro do impossível.

RUFOS:　　Nove Mil, enquanto estive fora de mim fez você uso de algum opiáceo?

9818:　　Claro que não, Sr. Rufos! Mas é que penso que fazendo de morto, do hotel pode sair com vida, ainda que dentro do caixão. Sei que um tanto quanto confusa é minha fala, mas penso que seja esse o caminho. Guardamos que o senhor não passe por necessidades, que tenha todos os suprimentos para passar, no muito, duas noites enterrado vivo. Ao final de todo choro, que pelo ódio do povo não deve se alongar, desenterro o senhor com vida para que possamos gozar de tranquilidade e juntos irmos atrás do dinheiro.

RUFOS:　　Quanta gentileza... Muito me honra essa sua preocupação pra que minha passagem pelos confins da terra se estabeleça com conforto; sensibiliza-me... E como terei certeza, seu pulha, que não se esquecerá de mim?! Ainda

marcelo dias costa

que ligados pelo pouco de dinheiro que ainda tenho por conhecimento, não deposito toda minha confiança em você. Além do mais, o que aconteceria comigo caso acometesse a ti algum infortúnio? Se fosse preso, atropelado, sua hora chegasse antes da minha, hã?!

9818: O senhor tem outra opção. Pode também confiar que saindo por aquela porta haverá clemência por parte das quatro mil bestas.

RUFOS: Mande subir o caixão!

(*Cortinas se fecham. Ao serem abertas, aparece* CAMAREIRA *varrendo o quarto, que, passado algum período, resolve ligar a televisão.*)

JORNALISTA: E parece ter chegado ao fim a absurda odisseia que se tornou a morte de Aldebar Rufos. Após sete longos dias, tendo como símbolo maior o próprio caixão com o corpo do ex-diretor, o levante popular parece que chega ao seu fim. O corpo acaba de ter regresso às autoridades. Os policiais conseguiram tomá-lo dos braços dos manifestantes para que a família prossiga com o ato fúnebre.

(*Imagens mostram grande alvoroço envolvendo policiais, manifestantes,* MARGARETH, *o* MENINO *e o caixão. Em meio à multidão, câmera fecha em close no rosto do apreensivo e eterno companheiro,* 9818.)

FIM.

Marcelo Dias Costa nasceu em 27 de maio de 1984, em Contagem-MG. É jornalista, poeta e dramaturgo, ativista do Fórum Popular de Cultura e um dos fundadores do Apoema Sarau Livre. O autor tem dois livros publicados, sendo eles, *Manifesto Escárnio Poético* e *Inutrealidade: Teatros aos que Têm Fome*.

Um
Sorvete

Alice Vieira

Este texto é dedicado à generosidade
do querido Elvécio Guimarães.
Para ele, todo o meu carinho,
respeito e admiração.

Personagens:
  Sr. Tarcísio
  Locutor da Rádio

S R. TARCÍSIO, *bem arrumado, de calças jeans, camisa bem passada e suspensórios, está sentado numa poltrona no centro de sua sala de estar. É noite. Ao seu lado, em cima de uma pequena mesa, uma vela acesa ilumina todo o ambiente. Ele escuta um pequeno rádio de pilha que segura em suas mãos. Neste momento está tocando uma música antiga que ele canta junto. O rádio permanece ligado. A personagem* LOCUTOR DA RÁDIO *não está em cena. Durante a peça, todo o texto oriundo do* LOCUTOR DA RÁDIO *é emitido através do rádio que o* SR. TARCÍSIO *ouve.*

SR. TARCÍSIO: Nesses oitenta anos, eu tive só dois amores na minha vida. Primeiro foi a Dora e depois a Elaine. Com a Dora durou pouco e nunca mais vi. Ela me jogou fora como se vomitasse algo amargo que faz mal para o estômago. Acho que ela fugiu atrás de uma felicidade que ela não conhecia. A gente era muito novo para saber reconhecer felicidade. Com a Elaine eu casei e fiquei casado por cinquenta anos. Ela foi ficando com um rosto fechado, e com aqueles resmungos, e tosses, e aquelas rendinhas. Meu deus! Aquele crochê... Infinitos metros de vida jogados fora. Ela me lembrava

174 um sorvete

de ser velho e eu estava tão cansado disso. Depois que eu fiquei velho ninguém me vê, eu queria ser músico ou poeta, eu queria ser importante a ponto de trabalhar na rádio. Mas agora ninguém confia em mim, ninguém me dá confiança. Uma vida sem graça como aquela sopa rala que ela fazia. "Pra descer melhor. Pra sair melhor. Pra não grudar na dentadura", dizia ela. Sabe com o que a Elaine se parecia? Ela se parecia muito com a máquina de costura dela; velha e repetitiva. Só não reclamava do calor, e nem do frio. Acho que não sentia. A vida para ela era para os olhos e não para os sentimentos. No fundo, no fundo eu sabia que eu não teria outra vida, que nunca seria um poeta, um músico como o Orlando Silva, o Roberto Carlos. Todos os dias era banho, barba, café, beijinho da Elaine e portaria da Biblioteca Central. Mas depois que eu me aposentei a minha vida era só a Elaine. Que coisa chata, meu deus! Ela continuava levantando cedo para me fazer café. Eu não queria café, eu só queria dormir, dormir, dormir para não ver no rosto dela a minha morte que chegava. Dormir e ficar quietinho. Mas eu tinha medo de acordar com ela em cima de mim, dizendo: Caféééé!

(O ambiente é iluminado com luz elétrica. Ouve-se ao fundo um barulho de xícaras caindo.)

Obrigado, minha velhinha! E eu tomava o café, almoçava e jantava na hora que a Elaine queria, e sorria, dava beijinho e agradecia. Deus! Perdoa-me por ter ficado tão cansado daquela mulher. Mas depois que ela se foi eu só me lembrava dela, dos sussurros, dos gemidos dela, das vezes que a via rindo, mais precisamente uma vez sentada na mesa da cozinha contando uma história engraçada. Eu ficava me imaginando sentado do lado dela enquanto ela contava, olhando pra ela e sorrindo de ainda ser dela. A Elaine era como os cachorros, que só existia mesmo para amar. Quando nos casamos eu fui feliz como se eu estivesse em algum porto, numa beirada qualquer dum mar, dum continente. E meu coração se enchia de repente de alice vieira 175

uma alegria vazia de sentido, algo que queria falar, mas não conseguia; que queria cantar, mas não sabia a letra; que eu queria escrever, mas não sabia os nomes. Tem coisa que é assim mesmo, né? Só amor. Eu me esqueci da Dora, meu primeiro amor, no primeiro dia em que vi a Elaine. Foi como se a Dora nunca tivesse existido. Como se a Dora nunca tivesse fugido. Como se eu nunca tivesse amado a Dora. Com a Elaine era diferente. Era uma coisa que apertava o peito e quase me quebrava o osso da costela, até eu vomitar. Era como um transbordamento de rio que não tinha como conter. Como se meu corpo todo fosse um rio e todo aquele amor quisesse sair de uma vez. Por isso eu a enchia de beijo, era a nossa forma de se entender. Aquela sem vergonha tinha um jeito estranho de se sentir importante. Ela fingia um ataque cardíaco e caia dura na cama estrebuchada com um leve sorriso, e eu a sacudia fingindo que acreditava. Mas naquele dia ela não sorriu, e eu não a sacudi. Eu liguei pra ambulância. Ela morreu assim, de repente, o coração parou. Doença de velho. Ela tinha prometido que ia morrer comigo. Sem a Elaine essa casa virou um sepulcro e eu passei a ter medo do escuro.

(*A luz apaga novamente. O ambiente volta a ser iluminado apenas pela luz da vela que continua acesa.*)

Olha aí! Está vendo? É só falar! Essa luz vai acabar me matando do coração. Eu tenho medo de ela não voltar. De a luz acabar e ainda ser seis da tarde. Em cinquenta anos que moro nessa casa, eu não tenho um dia de paz. Com a Elaine eu não tinha medo do escuro. Agora eu sei que eu não estava cansado dela. Eu estava cansado da felicidade. Até felicidade enjoa com o tempo. Ah... Oitenta anos! Como o tempo corre... Tantos anos no escuro e agora eu resolvi me dar um presente. Um amor.

(sr. tarcísio *apaga a vela com um sopro. O ambiente volta a ser iluminado com luz elétrica. No rádio, é transmitido um programa de relacionamentos amorosos.*)

176   um sorvete

LOCUTOR DA RÁDIO: Estamos de volta com o programa: "Procura-se um
        Amor". E vocês, queridos ouvintes, o que acham que o
        senhor Tarcísio irá fazer caso encontre esse amor, hein?
        Dar flores, chocolates, abraçar, beijar…

SR. TARCÍSIO (*como se respondesse ao rádio*): Beijar? É… É. Beijar! A gente
        vai tá sentado tomando um sorvete num banco de uma
        praça. Eu vou colocar os meus braços sobre os ombros
        dela rapidinho. Ela vai continuar com os braços cruzados.
        Depois ela vai ficar com vergonha e vai virar a cabeça pro
        outro lado. Eu vou ficar muito nervoso, pensando: eu
        tenho que beijar essa mulher, meu deus. Então, quando
        ela virar pra mim de novo, eu vou roubar um beijo dela.
        Eu vou beijá-la de repente.

LOCUTOR DA RÁDIO: E já temos ligações das pretendentes que querem
        deixar um recadinho para o senhor Tarcísio. Ouçam!

(SR. TARCÍSIO *ouve com atenção os recados das mulheres interessadas em conhecê-lo.*)

LIGAÇÃO 1: Oi, Tarcísio! Então! Meu nome é Bianca, tenho um metro
        e setenta, peso sessenta e três quilos… Estou ligando pra
        responder ao anúncio que você fez na rádio. Eu fiquei
        interessada. Eu vendo doces na universidade. Inclusive o
        pessoal fala que o meu beijinho é o beijinho mais gos-
        toso que existe. Eu também trabalho como cantora, sou
        cabeleireira, faço unhas decoradas, e queria saber da sua
        disponibilidade de viajar. Eu tenho vontade de conhecer
        Paris, a Grécia, o Coliseu de Roma, Holanda, Caldas Novas,
        Ouro Preto… Queria saber se você tem interesse em casar
        também, né. Eu gostaria de casar com comunhão de bens.
        É… Eu sou uma pessoa muito romântica, gosto muito
        de dançar, de sair pra passear, tomar sorvete… Então é
        isso. Eu também gostaria de saber se você ainda beija, se
        você beija bem, porque eu gosto muito de beijar. Então
        eu vou ficar te aguardando, viu. Um beijo e até. Até mais!
        Me responde, viu.

SR. TARCÍSIO: Viajar, beijinho…

LIGAÇÃO 2: Alô! Eu queria deixar um recado pro Sr. Tarcísio. Sr. Tarcí-
        sio, eu ouvi o seu anúncio na rádio e achei muito bonito

um homem na sua idade querer encontrar alguém. Olha, eu passei a vida inteira acreditando que era melhor ficar sozinha. Eu não sei se o senhor reparou, mas depois do seu recado tocou a música da Dolores Duran, aquela que fala assim: "Ai, a solidão vai acabar comigo/Ai, eu já nem sei o que faço e o que digo/Vivendo na esperança de encontrar/Um dia um amor sem sofrimento."

SR. TARCÍSIO (*continua cantando*): "Vivendo para o sonho de esperar/ Alguém que ponha fim ao meu tormento/Eu quero qualquer coisa verdadeira/Um amor…"

LIGAÇÃO 3: Oi, Tatá! Ainda posso te chamar assim? Quem fala aqui é a Dora. Meus parabéns pelo seu aniversário. Durante todo esse tempo eu nunca me esqueci do seu aniversário. Eu te vi outro dia na rua, estava tão bonito. Você estava com a sua esposa ainda. Sinto muito pelo falecimento dela. Nesse dia que eu te vi, eu fui pra casa e chorei e chorei como uma adolescente. Todos dizendo para eu parar de chorar e eu dizendo baixinho: "Um dia a gente fica junto." Quem sabe, né? Ah… Meu querido, durante todo esse tempo sem você nem uma viagem ao mundo, nem outro homem mudaria mais a minha vida que se você me mandasse um recado pra gente tomar um sorvete. Eu ainda gosto de sorvete. Tatá, eu fugi porque amor demais dói.

SR. TARCÍSIO: Dora!

LOCUTOR DA RÁDIO: Dezoito horas. Dora sai de sua casa ao encontro de Sr. Tarcísio.

(*Em casa, SR. TARCÍSIO ensaia um forte beijo em seu cabideiro. Suas mãos estão mais trêmulas que o normal, a boca também havia perdido a prática. A luz acaba por angustiantes segundos. Quando volta, SR. TARCÍSIO vê refletido no espelho um homem encurvado, calvo e com uma ruga descomunal no meio da testa. Para aparentar-se mais jovem, resolve passar uma tintura de cabelo. Depois se penteia como faz apenas em ocasiões especiais, pegando um pouco do cabelo que ainda resiste nas laterais da cabeça e os penteando para cima da calvície. Percebe que sua cabeça esta muito manchada pela tintura preta e tenta remover a mancha esfregando-a fortemente com uma toalha. Triste de tão nervoso, ele chora. Deita-se na cama e aquela maldita mariposa finalmente cai sobre a sua*

um sorvete

cabeça. Levanta-se rapidamente, abre uma garrafa de vinho do porto, que costuma tomar apenas um pequeno cálice pela manhã para o bem do coração, e a engole num instante, no bico).

SR. TARCÍSIO: Eu não vou mais.

LOCUTOR DA RÁDIO: Dezenove horas. Dora está no local marcado para o encontro.

SR. TARCÍSIO: Se eu tivesse várias chances de morrer, morreria só pra existir por um instante. Só pra ver se a Dora choraria como eu chorei pela Elaine. Ai! Que saudade, minha velha!

LOCUTOR DA RÁDIO: O que é isso, Sr. Tarcísio? Aja como um adulto! Tem uma mulher com uma saudade de cinquenta anos te esperando.

SR. TARCÍSIO: E se a Dora me achar velho?

LOCUTOR DA RÁDIO: Sr. Tarcísio, o amor é a única coisa que não envelhece nesse mundo. O senhor precisa correr! Corre Sr. Tarcísio! Corre! Não. Espera! Está se lembrando de comprar o sorvete?

SR. TARCÍSIO: Ai, cacete!

LOCUTOR DA RÁDIO: Quando jovem, ele achava a coisa mais bonita e mais triste ver um velho tomando sorvete. E lá estava ele subindo no ônibus com um sorvete na mão. Os outros passageiros estão tranquilos, uns dormem, outros conversam sem demonstrar ansiedade. Mas pra ele, ir até o outro bairro nunca foi tão devastador. Sr. Tarcísio nunca esteve tão nervoso e tão cheiroso ao mesmo tempo. Ele sentia náusea, uma ânsia de viver. Perdeu por um instante a consciência da idade. Já gostava da Dora outra vez. Gostava de uma mulher viva. Agora são vinte horas, Dora chora. Começou a chover e o ônibus não chegava nunca.

SR. TARCÍSIO: E se esse ônibus estragar? E se a Dora não estiver mais lá? E se eu não a reconhecer? E se ela não me reconhecer? E se reconhecer, o que ela vai achar de mim? O que a falecida ia achar disso?

(SR. TARCÍSIO não consegue parar de mexer as pernas e suar. Com o calor das suas mãos, o sorvete que ele segura começa a derreter rapidamente, e escorre pelos seus braços, e pinga pelos cotovelos, em cima de suas calças. Constrangido, ele tenta limpar as calças.)

alice vieira

LOCUTOR DA RÁDIO: Ele está todo submerso e melado, como se seu corpo fosse um rio inteiro de sorvete, e que, de tanto, transborda de chocolate o corpo e a alma do senhor Tarcísio. As crianças que estão no ônibus olham pra ele e riem, enquanto seus pais tentam tapar seus olhos, poupando-os de verem aquela pouca-vergonha. Ainda de dentro do ônibus, o senhor Tarcísio não acredita no que vê.

SR. TARCÍSIO: Será ela?

LOCUTOR DA RÁDIO: Vinte e uma horas. O tempo parou, ou foi o ônibus? Uma pessoa entra. Será ela? Mesmo se explodisse uma bomba ou se acontecesse um assalto, ele ficaria ali, imóvel derramado e com o coração disparado dentro daquele ônibus com destino ao passado.

FIM.

Alice Vieira é licenciada em Teatro pela UFMG. Formada no curso profissionalizante de Teatro PUC Minas.

TEATRO NA PERSPECTIVA

Sentido e a Máscara
  Gerd A. Bornheim (D008)
A Tragédia Grega
  Albin Lesky (D032)
Maiakóvski e o Teatro de Vanguarda
  Angelo Maria Ripellino (D042)
O Teatro e sua Realidade
  Bernard Dort (D127)
Semiologia do Teatro
  J. Guinsburg, J. T. Coelho Netto e Reni C.
  Cardoso (orgs.) (D138)
Teatro Moderno
  Anatol Rosenfeld (D153)
O Teatro Ontem e Hoje
  Célia Berrettini (D166)
Oficina: Do Teatro ao Te-Ato
  Armando Sérgio da Silva (D175)
O Mito e o Herói no Moderno Teatro Brasileiro
  Anatol Rosenfeld (D179)
Natureza e Sentido da Improvisação Teatral
  Sandra Chacra (D183)
Jogos Teatrais
  Ingrid D. Koudela (D189)
Stanislávski e o Teatro de
Arte de Moscou
  J. Guinsburg (D192)

O Teatro Épico
  Anatol Rosenfeld (D193)
Exercício Findo
  Décio de Almeida Prado (D199)
O Teatro Brasileiro Moderno
  Décio de Almeida Prado (D211)
Performance como Linguagem
  Renato Cohen (D219)
Grupo Macunaíma: Carnavalização e Mito
  David George (D230)
Bunraku: Um Teatro de Bonecos
  Sakae M. Giroux e Tae Suzuki (D241)
No Reino da Desigualdade
  Maria Lúcia de Souza B. Pupo (D244)
A Arte do Ator
  Richard Boleslavski (D246)
Um Vôo Brechtiano
  Ingrid D. Koudela (D248)
Prismas do Teatro
  Anatol Rosenfeld (D256)
Teatro de Anchieta a Alencar
  Décio de Almeida Prado (D261)
A Cena em Sombras
  Leda Maria Martins (D267)
Texto e Jogo
  Ingrid D. Koudela (D271)

Brecht na Pós-Modernidade
  Ingrid D. Koudela (D281)
O Teatro É Necessário?
  Denis Guénoun (D298)
O Teatro do Corpo Manifesto: Teatro Físico
  Lúcia Romano (D301)
Teatro com Meninos e Meninas de Rua
  Marcia Pompeo Nogueira (D312)
O Pós-Dramático: Um conceito Operativo?
  J. Guinsburg e Sílvia Fernandes (orgs.) (D314)
Contar Histórias com o Jogo Teatral
  Alessandra Ancona de Faria (D323)
Teatro no Brasil
  Ruggero Jacobbi (D327)
40 Questões Para um Papel
  Jurij Alschitz (D328)
Teatro Brasileiro: Ideias de uma História
  J. Guinsburg e Rosangela Patriota (D329)
Caminhante, Não Há Caminho. Só Rastros
  Ana Cristina Colla (D331)
Ensaios de Atuação
  Renato Ferracini (D332)
A Vertical do Papel
  Jurij Alschitz (D333)
Máscara e Personagem: O Judeu no Teatro Brasileiro
  Maria Augusta de Toledo Bergerman (D334)
Teatro em Crise
  Anatol Rosenfeld (D336)
João Caetano
  Décio de Almeida Prado (E011)
Artaud e o Teatro
  Alain Virmaux (E058)
Improvisação para o Teatro
  Viola Spolin (E062)
Jogo, Teatro & Pensamento
  Richard Courtney (E076)
Teatro: Leste & Oeste
  Leonard C. Pronko (E080)
Uma Atriz: Cacilda Becker
  Nanci Fernandes e Maria T. Vargas (orgs.)
  (E086)
TBC: Crônica de um Sonho
  Alberto Guzik (E090)
Os Processos Criativos de Robert Wilson
  Luiz Roberto Galizia (E091)
Sobre o Trabalho do Ator
  M. Meiches e S. Fernandes (E103)

Teatro da Militância
  Silvana Garcia (E113)
Brecht: Um Jogo de Aprendizagem
  Ingrid D. Koudela (E117)
O Ator no Século XX
  Odette Aslan (E119)
Zeami: Cena e Pensamento Nô
  Sakae M. Giroux (E122)
Os Teatros Bunraku e Kabuki: Uma Visada Barroca
  Darci Kusano (E133)
Antunes Filho e a Dimensão Utópica
  Sebastião Milaré (E140)
O Truque e a Alma
  Angelo Maria Ripellino (E145)
A Procura da Lucidez em Artaud
  Vera Lúcia Felício (E148)
Memória e Invenção: Gerald Thomas em Cena
  Sílvia Fernandes (E149)
O Inspetor Geral de Gógol/Meyerhold
  Arlete Cavaliere (E151)
Work in Progress na Cena Contemporânea
  Renato Cohen (E162)
Stanislávski, Meierhold e Cia
  J. Guinsburg (E170)
Apresentação do Teatro Brasileiro Moderno
  Décio de Almeida Prado (E172)
Da Cena em Cena
  J. Guinsburg (E175)
O Ator Compositor
  Matteo Bonfitto (E177)
Ruggero Jacobbi
  Berenice Raulino (E182)
Papel do Corpo no Corpo do Ator
  Sônia Machado Azevedo (E184)
O Teatro em Progresso
  Décio de Almeida Prado (E185)
Édipo em Tebas
  Bernard Knox (E186)
Depois do Espetáculo
  Sábato Magaldi (E192)
Em Busca da Brasilidade
  Claudia Braga (E194)
A Análise dos Espetáculos
  Patrice Pavis (E196)
As Máscaras Mutáveis do
Buda Dourado
  Mark Olsen (E207)

Crítica da Razão Teatral
Alessandra Vannucci (E211)

Para Ler o Teatro
Anne Ubersfeld (E217)

Entre o Mediterrâneo e o Atlântico
Maria Lúcia de Souza B. Pupo (E220)

Yukio Mishima: O Homem de Teatro
e de Cinema
Darci Kusano (E225)

O Teatro da Natureza
Marta Metzler (E226)

Teatro Sempre
Sábato Magaldi (E232)

O Ator como Xamã
Gilberto Icle (E233)

A Terra de Cinzas e Diamantes
Eugenio Barba (E235)

A Ostra e a Pérola
Adriana Dantas de Mariz (E237)

O Teatro no Cruzamento de Culturas
Patrice Pavis (E247)

Eisenstein Ultrateatral: Movimento Expressivo e Montagem de
Atrações na Teoria do Espetáculo de Serguei Eisenstein
Vanessa Teixeira de Oliveira (E249)

Teatro em Foco
Sábato Magaldi (E252)

A Arte do Ator entre os
Séculos XVI e XVIII
Ana Portich (E254)

A Gargalhada de Ulisses
Cleise Furtado Mendes (E258)

A Cena em Ensaios
Béatrice Picon-Vallin (E260)

Teatro da Morte
Tadeusz Kantor (E262)

Na Cena do Dr. Dapertutto
Maria Thais (E267)

A Cinética do Invisível
Matteo Bonfitto (E268)

Luigi Pirandello: Um Teatro para Marta Abba
Martha Ribeiro (E275)

Teatralidades Contemporâneas
Sílvia Fernandes (E277)

Conversas sobre a Formação do Ator
Jacques Lassalle e Jean-Loup Rivière (E278)

A Encenação Contemporânea
Patrice Pavis (E279)

As Redes dos Oprimidos
Tristan Castro-Pozo (E283)

O Espaço da Tragédia
Gilson Motta (E290)

A Cena Contaminada
José Tonezzi (E291)

A Gênese da Vertigem
Antonio Araújo (E294)

A Fragmentação da Personagem no Texto Teatral
Maria Lúcia Levy Candeias (E297)

Alquimistas do Palco: Os Laboratórios Teatrais na Europa
Mirella Schino (E299)

Palavras Praticadas: O Percurso Artístico de Jerzy Grotowski,
1959-1974
Tatiana Motta Lima (E300)

Persona Performática: Alteridade e Experiência na Obra de Renato
Cohen
Ana Goldenstein Carvalhaes (E301)

Como Parar de Atuar
Harold Guskin (E303)

Enasios de um Percusro
Esther Priszkulnik (E306)

Função Estética da Luz
Roberto Gill Camargo (E307)

Poética de "Sem Lugar"
Gisela Dória (E311)

Entre o Ator e o Performer
Matteo Bonfitto (E316)

A Missão Italiana: Histórias de uma Geração
de Diretores Italianos no Brasil
Alessandra Vannucci (E318)

Além dos Limites: Teoria e Prática do Teatro
Josette Féral (E319)

Ritmo e Dinâmica no Espetáculo Teatral
Jacyan Castilho (E320)

A Voz Articulada Pelo Coração
Meran Vargens (E321)

Teorias da Recepção
Claudio Cajaiba (E323)

A Dança e Agit-Prop
Eugenia Casini Ropa (E329)

O Soldado Nu: Raízes da Dança Butô
Éden Peretta (E332)

Teatro Hip-Hop
Roberta Estrela D'Alva (E333)

Encenação Como Prática Pedagógica
Joaquim C.M. Gama (E335)

No Campo Feito de Sonhos: Inserção e Educação Através da Arte
Sônia Machado de Azevedo (E339)

Do Grotesco e do Sublime
Victor Hugo (EL05)

O Cenário no Avesso
Sábato Magaldi (EL10)

Idéia do Teatro
José Ortega y Gasset (EL25)

O Romance Experimental e o Naturalismo
no Teatro
Emile Zola (EL35)

Giorgio Strehler: A Cena Viva
Myriam Tanant (EL65)

Barbara Heliodora: Escritos sobre Teatro
Claudia Braga (org.) (T020)

Um Encenador de si Mesmo: Gerald
Thomas
J. Guinsburg e Sílvia Fernandes (S021)

Teatro e Sociedade: Shakespeare
Guy Boquet (K015)

Alda Garrido: As Mil Faces de uma Atriz Popular Brasileira
Marta Metzler (PERS)

Caminhos do Teatro Ocidental
Barbara Heliodora (PERS)

O Cotidiano de uma Lenda: Cartas do Teatro de Arte de Moscou
Cristiane L. Takeda (PERS)

Eis Antonin Artaud
Florence de Mèredieu (PERS)

Eleonora Duse: Vida e Obra
Giovanni Pontiero (PERS)

Linguagem e Vida
Antonin Artaud (PERS)

Ninguém se Livra de seus Fantasmas
Nydia Licia (PERS)

Sábato Magaldi e as Heresias do Teatro
Maria de Fátima da Silva Assunção (PERS)

Vsévolod Meierhold: Ou a Invenção da Cena
Gérard Abensour (PERS)

Meierhold
Béatrice Picon-Valin (PERS)

Nissim Castiel: Do Teatro da Vida Para o Teatro da Escola
Debora Hummel e Luciano Castiel (orgs.) (MP01)

O Grande Diário do Pequeno Ator
Debora Hummel e Silvia de Paula (orgs.) (MP02)

Um Olhar Através de... Máscaras
Renata Kamla (MP03)

Performer Nitente
Adriano Cypriano (MP04)

O Gesto Vocal
Mônica Andréa Grando (MP05)

Br-3
Teatro da Vertigem (LSC)

Com os Séculos nos Olhos
Fernando Marques (LSC)

Dicionário de Teatro
Patrice Pavis (LSC)

Dicionário do Teatro Brasileiro: Temas, Formas e
Conceitos
J. Guinsburg, João Roberto Faria e
Mariangela Alves de Lima (coords.) (LSC)

História do Teatro Brasileiro, v. 1:
Das Origens ao Teatro Profissional da Primeira Metade
do Século XX
João Roberto Faria (dir.) (LSC)

História do Teatro Brasileiro, v. 2:
Do Modernismo às Tendências Contemporâneas
João Roberto Faria (dir.) (LSC)

História Mundial do Teatro
Margot Berthold (LSC)

O Jogo Teatral no Livro do Diretor
Viola Spolin (LSC)

Jogos Teatrais: O Fichário de Viola Spolin
Viola Spolin (LSC)

Jogos Teatrais na Sala de Aula
Viola Spolin (LSC)

Léxico de Pedagogia do Teatro
Ingrid Dormien Koudela; José Simões de
Almeida Junior (coords.) (LSC)

Queimar a Casa: Origens de um Diretor
Eugenio Barba (LSC)

Rastros: Treinamento e História de Uma Atriz do Odin
Teatret
Roberta Carreri (LSC)

Teatro Laboratório de Jerzy Grotowsky
Ludwik Flaszen e Carla Pollastrelli (cur.)
(LSC)

Uma Empresa e seus Segredos: Companhia Maria Della
Costa
Tania Brandão (LSC)

Este livro foi impresso na cidade de São Paulo,
nas oficinas da Orgrafic Gráfica e Editora, em julho de 2016,
para a Editora Perspectiva.